W0023465

SIR WALTER SCOTT – RICHARD LÖWENHERZ

ABENTEUER WELTLITERATUR

Sir Walter Scott

RICHARD LÖWENHERZ

VERLEGT BEI
KAISER

Deutsche Übersetzung von Theresia Leitner

Alle Rechte vorbehalten
Copyright © 1991 Gruppo Editoriale Fabbri,
Sonzogno, Etas S.p.A. Milano
Copyright der deutschen Ausgabe © 1993
by Neuer Kaiser Verlag Gesellschaft m.b.H. Klagenfurt
Einbandgestaltung: Mario Oberhofer
Satz: Context OEG, St. Veit/Glan
Druck und Bindearbeit: Mladinska Knjiga, Laibach

INHALT

1 Die Begegnung..7
2 Aus Feinden werden Freunde 13
3 Theoderich, ein Heiliger oder ein Narr?................21
4 Das Höhlenkloster..33
5 Einige Tage der Einkehr bei Theoderich................42
6 Im Lager von König Richard Löwenherz................45
7 Der muselmanische Arzt....................................57
8 El Hakim stellt seine Kunst unter Beweis..............67
9 Ist El Hakim vertrauenswürdig?..........................74
10 Was will der Großmeister der Templer?................86
11 Der Herzog von Österreich und der
   Leopardenritter treffen aufeinander...................88
12 Sir Kenneth gerät in einen Zwiespalt..................101
13 Lady Edith und die Königin..............................105
14 Sir Kenneth wird auf die Probe gestellt..............110
15 Ein Scherz hat schwere Folgen.........................117
16 Königin Berengardis beim König.......................123
17 Weitere Versuche, Sir Kenneth zu retten............128
18 El Hakim erhält seinen Lohn 134
19 Richard Löwenherz im Rat der Kreuzritter..........143
20 Im Lager herrscht wieder Frieden 150
21 Das Geschenk des Sultans..............................160
22 Sir Kenneth kehrt in die Wüste zurück 164
23 El Hakim und der Emir Sheerkohf.....................170
24 Der nubische Sklave und sein Hund..................177
25 König Richards Gerechtigkeit und Strenge.........185
26 Die Antwort an Sultan Saladin.........................190
27 Richard und Saladin.......................................193
28 Sir Kenneth gibt sich zu erkennen....................202

1

DIE BEGEGNUNG

Hoch zu Roß zog ein junger Ritter langsam durch die Wüste am Ostufer des Toten Meeres. Auf seinen weiten Mantel war ein rotes Kreuz geheftet. Die Sonne stand nicht hoch, aber ihre Strahlen brannten auf den einsamen Reiter nieder. Es war das erste Mal, daß er Europa für so lange Zeit verlassen und sich den Kreuzfahrern in Palästina angeschlossen hatte. Er war müde und es plagte ihn der Durst. Die trostlose Landschaft ringsum rief ihm Worte aus der Bibel in Erinnerung: »Du findest nur Schwefel und Salz. Es gibt weder Ernte noch Saat. Es sprießt nicht der zarteste Halm!« Durch dieses unfruchtbare Land folgte der Ritter unter sengender Sonne mühsam seinem Weg. Sein Reittier kam nur mit großer Anstrengung im feinen Sand der Wüste vorwärts.

Der Ritter trug ein Kettenhemd, Arm- und Beinschienen und einen schweren Helm. Es war nicht die richtige Bekleidung für eine lange Reise durch die Wüste. An der Seite hing ihm ein langes, starkes Schwert mit kreuzförmigem Knauf, im Gürtel steckte ein großer Dolch. Eine lange, spitze Lanze, die Hauptwaffe der Kreuzfahrer, war im Steigbügel aufgestützt und wippte so im Takt der Bewegungen des Pferdes auf und ab.

Über der Rüstung trug der Ritter noch ein weites Gewand und den von der Sonne völlig ausgebleichten Mantel, der ihm allerdings sehr zustatten kam unter ihren sengenden Strahlen. Ohne seinen Schutz hätten sie ungehindert auf die Rüstung niedergebrannt, und dieser fürchterlichen Hitze hätte der Ritter nicht standhalten können. Sein Wappenbild, ein hingestreckter Leopard, und die Inschrift: »Ich schlafe, weckt mich nicht auf!«, zeichnete sich nur noch blaß auf Gewand und Mantel ab.

Derselbe Spruch zierte auch den Schild des Ritters, aber zahllose Kämpfe hatten ihn zu Hälfte ausgetilgt.

Auch das Pferd selbst war schwer gerüstet, aber Roß und Reiter schienen an die Last gewöhnt zu sein.

Viele von den Rittern, die als Kreuzfahrer aus Europa ausgezogen waren, hatten die sengende Hitze Palästinas nicht überlebt. Unser Ritter jedoch schien die Rüstung zu tragen, als wären es Kleider aus Leinen. Im Verlauf der beiden vergangenen Jahre in Palästina hatte er sich als Krieger gewiß Ruhm erworben, aber er hatte auch viel von dem, was er einst besaß, verloren. Alle, die mit ihm einst von Europa ausgezogen waren, hatten ihn inzwischen verlassen, weil sie nicht mehr imstande waren, für sich aufzukommen. Einzig ein Knappe war zurückgeblieben, weil er krank darniederlag.

Der Ritter war also allein auf sich gestellt. Aber das kümmerte ihn wenig. Er kannte keinen besseren Bundesgenossen als sein Schwert, keine lieberen Weggefährten als seine Gedanken. All seiner Ausdauer und Tapferkeit zum Trotz war der Ritter am Ende dieses anstrengenden Tages erschöpft. Er sehnte sich nach Ruhe und nach einer Mahlzeit. Er war daher sehr froh, als er in der Ferne einige Palmen entdeckte. Dort gab es sicher eine Quelle und ein Plätzchen zum Ausruhen, um neue Kräfte zu sammeln. Wie sein Herr, hatte auch das Pferd gelernt, niemals den Mut zu verlieren. Ungeduldig schnaubte es mit geblähten Nüstern, als wüßte es schon, daß sie sich einer Wasserstelle näherten. Es schlug eine schnellere Gangart ein.

Den Blick fest auf die ferne Palmengruppe gerichtet, glaubte der Ritter, zwischen den Stämmen irgendeine Bewegung wahrnehmen zu können. Gleich darauf tauchte tatsächlich ein Mann auf, schwang sich aufs Pferd und sprengte auf den Ritter zu. Turban, Lanze und Kleidung wiesen ihn eindeutig als Sarazenenkrieger aus.

»Erwarte nie, auf einen Freund zu treffen in der Wüste!« sagt ein orientalisches Sprichwort. Da der Ritter die Absichten des Fremden nicht kannte, legte er also die Lanze in den dafür vorgesehenen Haken ein und gab dem Pferd die Sporen. Sollte es zu einer Auseinandersetzung mit dem Fremden kommen, war er sich des Sieges gewiß.

Der Sarazene kam im Galopp heran. Er ritt nach Art der Araber, lenkte das Pferd durch Körperbewegungen, während er die Zügel nur locker in der Linken hielt. So konnte er mit der gleichen Hand den runden Schild führen und die Lanzenstöße des Gegners abwehren. In der Rechten schwang er eine lange Lanze und stürmte damit auf den Kreuzritter los. Er hoffte, daß dieser im Galopp auf ihn zukommen würde, aber der Ritter kannte die Kampfweise der orientalischen Krieger.

Um sein Reittier nicht unnötigerweise zu ermüden, hielt er es an und erwartete seinen Gegner ohne sich zu bewegen. Der Sarazene durchschaute seine Absichten. Als er fast auf Lanzenweite an den Ritter herangekommen war, begann er, ihn linksherum zu umkreisen, zweimal, in vollem Galopp. Der Ritter aber drehte sich mit seinem Pferd nur langsam auf der Stelle und ließ den Sarazenen dabei nicht einen Augenblick aus den Augen. Dieses Manöver zwang den Sarazenen, seine Taktik zu ändern und neuerlich anzugreifen.

Ein zweiter Angriff hatte kaum mehr Erfolg als der erste. Da stellte sich der

Kreuzritter, als wolle er den Kampf aufgeben. Plötzlich aber riß er einen Morgenstern aus dem Sattelriemen und zielte damit auf den Schädel des Sarazenen. Diesem gelang es zwar, den Schlag mit dem Schild abzuwehren, aber die Wucht des Anpralls war so groß, daß er vom Pferd fiel. Gerade als der Ritter ihm den Gnadenstoß versetzen wollte, sprang der Sarazene wieder in die Höhe, rief sein Pferd und saß im Handumdrehen wieder im Sattel.

Der Schrecken vor der Waffe, die ihn zu Fall gebracht hatte, ließ ihn die Kampfesweise von neuem ändern. Er stieß die Lanze in den Sand und griff zu Pfeil und Bogen, während er weiter den Ritter umkreiste. Unvermutet fiel er in Galopp und schoß einen Pfeil ab, der so genau traf, daß der Ritter nur dank

seines Kettenhemdes mit dem Leben davonkam. Der sechste Pfeil schien getroffen zu haben, denn der Ritter war vom Pferd gestürzt. Diesmal aber sollte der Sarazene eine Überraschung erleben.

Er war eben vom Pferd gestiegen, um dem Ritter den Gnadenstoß zu versetzen, als dieser plötzlich wieder lebendig wurde und ihn festhielt. Geschickt gelang es dem Sarazenen auch diesmal, sich zu retten. Er befreite sich aus den Armen des Kreuzritters, sprang aufs Pferd und stob davon. Bei seinem letzten Ansturm hatte er alle Waffen verloren, so machte er kehrt, um eine Kampfpause auszuhandeln.

»Unsere Heere haben einen beiderseitigen Waffenstillstand geschlossen. Warum also sollten wir beide weiterkämpfen?« sagte er höflich in der Sprache, der sich Christen und Sarazenen seit dem Beginn der Kreuzzüge bedienten.

»Ich schlage vor, wir schließen Frieden.«

»Ausgezeichnet«, gab der Ritter zurück, »aber wer garantiert mir denn, daß Ihr Wort haltet?«

»Die Anhänger des Propheten halten immer Wort, edler Ritter! Euch habe ich danach erst gar nicht gefragt. Wer so tapfer kämpft wie Ihr, kann nicht wortbrüchig werden.«

Der Ritter legte die Hand an den Kreuzesknauf seines Schwertes, schaute seinem Gegenüber fest ins Auge und sagte feierlich: »Sarazene! Beim Kreuz meines Schwertes! Solange uns das Schicksal verbindet, werde ich Euch ein treuer Gefährte sein.«

»Bei Allah, dem Gotte Mohammeds, und bei Mohammed, dem Propheten Allahs! Auch ich werde Euch nie verraten!« schwor der Sarazene.

»Und nun laßt uns zur Quelle reiten, um auszuruhen. Wir brauchen Erfrischung und müssen unsern Durst löschen!« Und die beiden Krieger, die einander eben noch auf Leben und Tod bekämpft hatten, ritten nun Seite an Seite zur Oase hin.

2

AUS FEINDEN WERDEN FREUNDE

Die beiden Männer, die einander als Feinde gegenübergestanden hatten, waren herzlich froh, daß nun die Waffen ruhten. Sie dachten gar nicht mehr daran, sich gegenseitig zu töten, sondern hatten vor, den Abend in aller Ruhe gemeinsam zu verbringen.

Die Sarazenen waren längst nicht mehr jene wilden Wüstensöhne, die nichts anderes im Sinn hatten, als jeden zu töten, der nicht Muselmane war. In Spanien wie auch in Palästina waren zahlreiche Sarazenen mit den Sitten und Gebräuchen des Abendlandes in Berührung gekommen.

Manche hatten sogar den einen oder anderen christlichen Brauch übernommen.

Die beiden Männer ritten als Freunde nebeneinander her, aller Feindschaft zum Trotz, die sonst allgemein zwischen den Christen und den Anhängern des Halbmondes herrschte. Beiden war der geschlossene Waffenstillstand heilig.

Auf der ganzen Wegstrecke bis zur Oase schien jeder seinen Gedanken nachzuhängen. Oder machte sie nur die Ermüdung durch den Kampf so schweigsam?

Die beiden Pferde hatten sich ein bißchen Erholung verdient, besonders das des Kreuzfahrers war in Schweiß gebadet. Unter der schweren Last von Rüstung und Reiter sank es bei jedem Schritt im weichen Sand ein. Um dem Pferd ein wenig Erleichterung zu verschaffen, stieg der Ritter ab und führte es am Zaumzeug. Das Tier kam nun leichter vorwärts, dafür aber sank der Ritter ein im Sand.

Der Sarazene warf einen Blick auf Roß und Reiter und bemerkte dann spöttisch: »Ihr habt schon recht, daß Ihr zu Fuß geht. Euer Pferd kann ganz offensichtlich nicht mehr. Aber was macht Ihr denn mitten in der Wüste auf einem Tier, das hier jeden Augenblick steckenzubleiben droht?«

»Sarazene! Ihr redet nur über das, was Ihr seht!« versetzte der Ritter tief getroffen. »Wißt Ihr, daß mich eben dieses Pferd in meiner Heimat über die größten Seen trägt, ohne sich dabei auch nur die Hufe naß zu machen?«

Der Sarazene betrachtete ihn mit ironischem Blick und antwortete: »Bei uns heißt es: Der Franke lügt, sobald er spricht!«

»Das Wort eines Ritters anzuzweifeln, ist nicht sehr höflich!« gab der Kreuzfahrer zurück. »Wäret Ihr nicht so einfältig, ich hätte den Waffenstillstand längst gebrochen. Nein, das ist keineswegs ein Märchen. Zusammen mit meinem schwerbeladenen Pferd habe ich Meilen zurückgelegt über Wasserflächen, durchsichtiger als Kristall.«

»Ihr haltet mich wohl für den größten aller Dummköpfe!« rief der Sarazene aus. »Alle Welt weiß, daß man nicht übers Wasser gehen kann!«

»Ihr habt recht«, sagte lächelnd der Ritter. »Aber ich habe trotz allem nicht gelogen! Hier bei euch wird die Erde durch die Hitze zu Staub, in dem man versinkt. In meinem Land aber wird das Wasser härter als ein Felsen durch die Kälte!«

Er stieß einen Seufzer aus und setzte hinzu: »Hören wir auf mit diesem

Gespräch. Immer wenn ich an unsere schönen zugefrorenen Seen denke, fürchte ich eure glühende Wüste noch mehr.«

Während sie so miteinander redeten, waren sie bei den Palmen angelangt, die ihren Schatten über eine klare Quelle breiteten. Es war nur eine kleine Oase, aber doch der einzige Platz, um den Durst zu löschen und ein wenig Schutz vor der Sonne zu finden.

Erschöpft hielten die beiden Männer an, nahmen ihren Pferden Sattel, Zaumzeug und Trense ab und ließen sie nach Herzenslust trinken. Dann setzten sie sich und bereiteten sich, jeder für sich, eine Mahlzeit. Während sie aßen, betrachteten sie einander neugierig. Der Kreuzfahrer war athletisch gebaut, das Urbild eines Hünen aus dem Norden. Er hatte dichtes, rotes Haar und eine helle Haut. Er mochte nicht älter als dreißig Jahre sein, sprach aber wie jemand, der gewohnt ist, Befehle zu erteilen.

Ganz anders der Sarazene. Neben ihm nahm sich der Kreuzfahrer aus wie ein Riese. Auch er war gut gebaut, aber dabei zart, fast mager. Er hatte braune Haut und scharfblickende, schwarze Augen. Seine Umgangsformen waren die eines ruhigen, wohlerzogenen, zurückhaltenden Mannes. Er verfügte sichtlich über große Selbstbeherrschung.

Grundverschieden auch das wenige, das sie zu sich nahmen. Der Sarazene stillte seinen Hunger mit einem Stück Gerstenbrot und einer Handvoll Datteln. Um seinen Durst zu löschen, trank er aus der Quelle.

Der Kreuzfahrer aß gepökeltes Schweinefleisch, das die Muselmanen verabscheuen. Und sein Ziegenlederschlauch enthielt ein ganz anderes Getränk als Wasser aus der Quelle!

Die beiden Reiter erzählten einander von den Bräuchen des eigenen Landes. Wäre er nicht gerade auf Pilgerfahrt, sagte der Kreuzfahrer, er würde seinen Weggefährten gern ins Lager von König Richard von England mitnehmen.

»Das würde mir ein großes Vergnügen bereiten, edler Ritter!« rief des Sarazene. »Kehrt lieber in Euer Lager zurück und versucht nicht, ohne Erlaubnis nach Jerusalem zu gelangen!«

»Aber ich habe sie, die Erlaubnis«, sagte der Ritter und wies ein Pergament vor. »Seht her, hier ist mein Geleitbrief, von Sultan Saladin eigenhändig unterschrieben und gesiegelt!«

Als der Sarazene die Schriftzüge des Sultans von Ägypten und Syrien erkannte, verbeugte er sich tief, bis er den Sand berührte. Er küßte das Pergament ehrfurchtsvoll, dann drückte er es gegen die Stirn.

»Unbesonnener Christ«, meinte er dann. »Ihr habt uns beide in Todesgefahr gebracht, weil Ihr mir nicht sofort diesen Geleitbrief zeigtet!«

»Was sagt Ihr da! Ihr habt mich doch mit gezückter Waffe angegriffen!« gab der Ritter zurück.

»Wäre ich von einer ganzen Schwadron von Sarazenen angegriffen worden, hätte ich zweifellos meinen Geleitbrief vorgewiesen. Aber doch nicht vor einem einzelnen Gegner! Wo denkt Ihr hin!«

»Gut gesprochen!« sagte der Sarazene lachend. »Aber ich bin doch sehr froh, daß ich einen Mann, der im Besitz eines Geleitbriefes des Königs aller Könige ist, nicht getötet habe! Das hätte mich das Leben gekostet!« – »Und mich freut

es, nun Gewißheit zu haben, daß dieser Geleitbrief Wert hat. Man hat mir gesagt, daß arabisches Gesindel, das vor nichts zurückschreckt, diese Gegend unsicher macht.«

»Das stimmt! Aber ich schwöre Euch beim Turban des Propheten, christlicher Ritter. An der Spitze eines Heeres von fünfhundert Kriegern käme ich Euch zu Hilfe, solltet Ihr je in die Hände dieses Lumpenpacks fallen!«

»Hebt Euch Eure Schwüre für andere auf!« meinte lächelnd der Ritter. »Mein Schicksal steht in den Sternen. Wir haben uns ein wenig ausgeruht, ich glaube,

wir sollten uns wieder auf den Weg machen. Ich weiß nicht, wie weit es noch bis zu dem Ort ist, wo ich die Nacht verbringen möchte.» – »Darf ich Euch das Zelt meines Vaters für eine Nacht anbieten, edler Christ? Ihr würdet mir eine große Ehre erweisen!«

»Vielen Dank! Aber ich habe vor, diese Nacht im Gebet zu verbringen, bei Theoderich, einem frommen Mann, der hier in der Wüste als Einsiedler lebt. Zu ihm kann ich Euch nicht bringen, denn Euer Volk hat diesem Diener Gottes schon allzu oft Leid angetan.«

»Das ist eine Verleumdung!« rief der Sarazene aus. »Wir vertreten die Lehre von Abu Bakr, einem Schüler des Propheten, und die lautet so: ‚Tut eure Pflicht als Krieger, aber schonet die Alten, die Kranken, die Frauen und die Kinder. Verwüstet die Felder nicht und rührt weder an Häuser noch an Ernteerträgnisse. Sie sind Gaben Allahs! Begeht keinen Wortbruch und zerstört nie den Wohnsitz von Mönchen, die sich Gott weihen und denen ihr in der Wüste begegnet.' Und wir achten diese Gebote. Und diesen Einsiedler achte auch ich! Ich will Euch zu seiner Höhle führen, denn ohne mich würdet Ihr sie niemals finden.« Der Ritter lächelte und sagte: »Ich nehme gerne an.«

3

THEODERICH, EIN HEILIGER ODER EIN NARR?

Die beiden Reiter rüsteten zum Aufbruch. Sie gingen zu ihren Pferden. Sie empfanden beide große Zuneigung für ihr Reittier. Es war ihnen ein treuer Gefährte, der Abenteuer und Strapazen mit ihnen teilte. Für den Sarazenen war diese innige Verbundenheit mit seinem Pferd ganz selbstverständlich. Das Pferd war für einen orientalischen Krieger ebenso wichtig wie Wasser zum Löschen des Durstes oder Waffen zum Führen eines Kampfes. Die Kreuzritter betrachteten ihre Pferde als Waffenbrüder. Die beiden Tiere ließen sich willig anschirren und wieherten dabei ihren Herren freudig zu, obwohl sie wußten, daß es ein weiteres mühsames Wegstück zu bewältigen galt.

Bevor der Kreuzritter in den Sattel stieg, trank er noch aus der Quelle und wandte sich dann an den Sarazenen: »Ich möchte gerne wissen, wie diese Quelle heißt. Ich habe noch nie so gutes Wasser getrunken.«

»Die Quelle heißt ›Diamant der Wüste‹«, antwortete der Sarazene. »In unseren Tälern gibt es Tausende Quellen, aber keine ist so kostbar wie diese, weil in keiner anderen Gegend solche Trockenheit herrscht wie hier.« Die beiden Männer folgten ihrem Weg durch die Wüste. Die sengende Tageshitze hatte nachgelassen. Eine erfrischende Brise hob sich und wirbelte Wolken feinen Sandes hoch. Die Weggefährten ritten eine ganze Weile schweigend nebeneinander her. Der Sarazene glich einem Kapitän, der sein Schiff durch ein Meer voller Klippen lenkt. Er beobachtete aufmerksam die fernen Silhouetten der Felsen, die ihm als Wegmarken dienten.

Wenig später, als er sicher war, auf dem rechten Weg zu sein, begann er mit einer für einen Mann seiner Herkunft eher ungewöhnlichen Freimütigkeit zu reden.

»Ihr habt mich nach dem Namen der kleinen Quelle gefragt«, sagte er, »aber darf ich Euch nach dem Namen des Mannes fragen, gegen den ich gekämpft und mit dem ich gegessen habe? Ich glaube, daß der Name nicht einmal hier mitten in der Wüste ganz unbekannt sein dürfte …«

»Ihr täuscht Euch«, antwortete der Ritter bescheiden. »Mein Name ist nicht berühmt. Die Mannen des christlichen Heeres nennen mich Kenneth, den Leoparden. Darf ich nun meinerseits fragen, wie Euer Name ist und aus welcher Gegend Arabiens Ihr stammt?«

»Ich bin froh, daß Ihr einen Namen habt, den auszusprechen mir keine Schwierigkeiten bereiten dürfte, Sir Kenneth. Was mich anbelangt, ich bin kein Araber. Meine Familie gehört einem tapferen und kultivierten Volk an. Ich bin Emir Sheerkohf, der Löwe der Berge. Kurdistan ist das Land, aus dem mein Volk stammt, und es gibt dort keinen vornehmeren Stamm als den der Seldschuken.«

»Ja, ich habe gehört, daß euer großer Sultan diesem Stamme angehört«, erwiderte Sir Kenneth.

»Darauf bin ich auch nicht wenig stolz. Aber ich bin ein Niemand neben dem König von Ägypten und Syrien, auch wenn mein Land nicht unbedeutend ist.

21

Aber sagt mir, wieviele Leute umfaßt Euer Gefolge?«

»Um es frei heraus zu gestehen, es ist mir mit der Hilfe meiner Familie und meiner Freunde gelungen, gerade zehn gut ausgerüstete Gefolgsmänner zusammenzubringen, das heißt, ungefähr fünfzig Bogenschützen und Knappen. Ein Großteil von ihnen hat mich im Stich gelassen. Die anderen sind im Kampf gefallen oder durch Krankheit zugrunde gegangen. Der letzte meiner Knappen ist krank. Ich habe diese Pilgerfahrt unternommen, um durch meine Gebete seine Genesung zu erlangen.«

»Christensohn!« rief Emir Sheerkohf aus. »Ich habe in meinem Köcher fünf mit Adlerfedern bestückte Pfeile. Ich brauche nur einen davon in mein Lager bringen zu lassen und schon stehen tausend Krieger bereit, mir zu Hilfe zu kommen. Schicke ich einen zweiten Pfeil ins Lager, stehen weitere tausend Mann bereit, und so fort! Beim fünften Pfeil habe ich fünftausend Mann zur Verfügung. Sollte ich je meinen Bogen ins Lager schicken, würden unmittelbar darauf zehntausend Mann den Sand der Wüste aufwirbeln. Und du glaubtest, mit fünfzig Mann ein Land besetzen zu können, in dem ich doch nur einer der unbedeutendsten Herrscher bin?«

»Brüstet Euch nicht all zu vorschnell, Sarazene. Denkt lieber daran, daß ein Schlag mit dem eisernen Handschuh einen Wespenschwarm zermalmen kann«, versetzte Sir Kenneth betont heftig.

»Gewiß, aber dazu muß man sich ihm erst einmal nähern!« spottete der Emir.

Da er ihre Freundschaft nicht trüben wollte, fügte er hinzu: »Ich schätze ihn, diesen christlichen Stolz. Es ist keine Kleinigkeit, jemandem den Schutz des Kreuzheerlagers abzubieten und dabei weder über Geldmittel noch über Streiter zu verfügen!«

»Durch meinen Titel habe ich dieselben Rechte wie ein König«, sagte Sir Kenneth stolz.

»Nach unserem Recht könnte nicht einmal Richard Löwenherz selbst mir den Zutritt zum Lager verwehren, selbst dann nicht, wenn ich meiner Ehre verlustig gegangen wäre!«

»Ich würde gern sehen, wie ein sehr mächtiger

Mann und ein ganz einfacher Mann als gleichgestellt angesehen werden können!« meinte der Emir lachend.
»Gott hat jedem Kreuzritter die Freiheit geschenkt, sein Schwert und sein Leben einer Prinzessin zu weihen«, erklärte Sir Kenneth.
Sein Gesprächspartner betrachtete ihn prüfend. »Ihr seid in eine Prinzessin verliebt?« forschte er.
»Emir, wir haben keineswegs die Gewohnheit, den Namen der Dame, die wir im geheimen verehren, anderen preiszugeben. Aber ich will Euch nichts verheimlichen ... Mein Herz gehört einer der edelsten und vornehmsten Frauen, die es gibt. Solltet Ihr Euch einmal in unser Lager wagen, könntet Ihr sehen, wie sich tapfere Ritter mit ihren besten Freunden messen, um die Gunst einer hohen Frau zu erringen.« Der Emir brach in Gelächter aus: »Glaubt mir, Sir Kenneth, den Ritter, der mich mit der Lanze besiegen kann, den müßt Ihr erst suchen!«
»Natürlich«, sagte dieser lachend. »Könnten wir uns mit dem Morgenstern als Waffe messen, sollte es an Bewerbern nicht fehlen. Ihr solltet einmal die Lanze von König Richard sehen können. Mit ihr kann sich meine nicht vergleichen!«
»Ich habe viel von diesem König gehört«, sagte der Emir. »Seid Ihr einer seiner Untertanen?«
»O nein«, antwortete Sir Kenneth. »Ich kämpfe lediglich unter seinem Banner. Er ist nicht mein Herr, ich bin in Schottland geboren.«
Der Sarazene verstand gar nichts mehr. Von Neugier getrieben fragte er weiter: »Aber ehe Ihr Eure Heimat verließet, mußtet Ihr da nicht schwören, ihm untertan zu sein?«
»Keineswegs«, antwortete der Ritter stolz. »Für uns Schotten ist König Richard der Anführer dieses Kreuzzuges, aber wir bleiben unabhängig.«
Während die beiden Reiter ihrem Weg folgten, hatte sich die Landschaft um sie herum verändert. Sie wandten sich gegen Westen und waren nun bei der Bergkette angelangt, die sie früher nur von ferne gesehen hatten. Felsige Bergspitzen ragten rund um sie auf, und schon ritten sie zwischen zwei senkrecht aufsteigenden, von geheimnisvollen Höhlen durchsetzten Wänden durch.
Der Sarazene erzählte, daß diese Höhlen oft Raubtieren als Unterschlupf dienten, manchmal aber auch Räubern, die weit gefährlicher waren als die wilden Tiere.
Sie hatten mit niemandem Mitleid, überfielen ohne Unterschied Arme, Reiche, Alte und Frauen. Sir Kenneth hörte nur mit halbem Ohr zu. Er war voll Selbstvertrauen.
Leise Furcht überkam ihn, wenn er daran dachte, daß in eben dieser ungastlichen Wüste Gottes Sohn vierzig Tage lang gebetet und gefastet hatte und der Versuchung durch den Satan widerstanden war. Auf diesem geheiligten Boden wäre ihm die Gesellschaft eines frommen Mönches lieber gewesen als die eines Sarazenen.
Der Emir wurde indessen immer gesprächiger, seine Laune immer heiterer. Plötzlich wurde sich Sir Kenneth bewußt, daß er ihn nicht mehr reden hörte; er hatte zu singen begonnen.
Sir Kenneth verstand die Sprache des Emirs gut genug, um sich sofort im klaren zu sein, daß solche Lieder an diesem geheiligten Ort fehl am Platz waren.

Er konnte sich nicht zurückhalten und sagte streng: »Mir wäre es lieber, wenn Ihr aufhörtet zu singen. Eure Lieder passen nicht an diesen geheiligten Ort!«
Überrascht schaute der Emir auf und antwortete: »Seid Ihr nicht ein bißchen zu streng mit mir, Sir Kenneth? Habe ich Euch etwa beanstandet, als Ihr in meiner Gegenwart Schweinefleisch gegessen habt? Warum sollte ich diese eintönige Wanderung nicht ein wenig heiterer gestalten und dabei fröhliche Lieder singen? ‚Ein Lied ist wie Tau vom Himmel, der auf die Wüste fällt, er erfrischt den ermüdeten Wanderer', hat einer unserer Dichter einst gesagt.«
»Lieber Freund«, seufzte Sir Kenneth. »Ich habe nichts gegen Euer Singen, ich möchte nur nicht, daß Ihr hier singt. Die Gegend wird von bösen Geistern heimgesucht, die nur durch die Gebete von Einsiedlern verjagt werden können.«
Der Emir erwiderte nichts darauf und sie ritten schweigend weiter.
Es begann schon dunkel zu werden, als Sir Kenneth bemerkte, daß sie nicht mehr allein waren in dieser wilden Gegend. Eine lange, magere Gestalt folgte ihnen, sprang behende von Felsen zu Felsen und erinnerte Sir Kenneth an einen jener Faune, die ihm von Darstellungen in den Tempeln Roms her bekannt waren. Er war überzeugt, daß die alten heidnischen Götter Teufel waren, und er dachte sogar, daß es die Schuld des Emirs war, wenn dieser Teufel nun hier auftauchte.
»Teufel oder nicht, ich nehm' es mit ihm auf«, dachte er und seine Hand griff schon nach der eisernen Keule, als sich mit einem Schlag alles veränderte …
Die Gestalt, die ihnen bisher gefolgt war, sprang mit einemmal vor das Pferd des Emirs und griff in die Zügel. Verängstigt machte das Tier einen Sprung zur Seite. Jetzt erst sah der Kreuzritter, daß der Angreifer ein großer, hagerer, in Ziegenfelle gehüllter Mann war. Inzwischen hatte sich das Pferd des Emirs so heftig aufgebäumt, daß er abspringen mußte, um nicht abgeworfen zu werden. Der Angreifer ließ darauf die Zügel los, stürzte sich auf den Emir und packte ihn an der Gurgel. Mit seinen langen Armen gelang es ihm, den Emir auf den Boden zu drücken.
»Hamako, verrückter Kerl, laß mich los!« rief dieser ärgerlich. »Hör auf oder ich ziehe den Dolch!«
»Deinen Dolch, du sittenloser Strolch? Gebrauch' ihn doch, wenn du kannst!« versetzte der Mann, riß dem Emir mit einem raschen Griff die Waffe aus der Hand und richtete sie gegen dessen Kopf.
»Christ, komm mir zu Hilfe«, schrie der Emir, »sonst bringt er mich um!«
Sir Kenneth hatte wie versteinert dem ganzen zugeschaut, als ihm endlich bewußt wurde, daß er seinem Gefährten helfen mußte. Er sprang vom Pferd und rief: »Wer du auch seist, ein guter oder ein böser Geist! Wisse, daß ich dem Sarazenen Treue geschworen habe. Wenn du ihn nicht losläßt, bekommst du es mit mir zu tun!«
»Du bist mir ein schöner Kreuzritter!« sagte der Mann verächtlich. »Du willst also gegen einen Glaubensbruder kämpfen und diesen Gottlosen da verteidigen? Hast du dich etwa in die Wüste abgesetzt, um die Partei der Araber zu ergreifen?«
Währenddessen hatte er den Emir losgelassen und sich aufgerichtet. Er gab ihm den Dolch zurück und sagte: »Da siehst du, was dir dein herausforderndes Ver-

halten eingebracht hat. Sei auf der Hut, Ilderim! Gott wird nicht immer so gut auf dich zu sprechen sein! Wäre nicht dieser Christ dazwischengetreten, ich hätte dir den Hals durchgeschnitten, weil du es gewagt hast, an diesem Ort derartige Lieder zu singen.«

»Lieber Hamako«, erwiderte der Emir ohne jeden Groll. »Nimm du dich in acht und mach das nicht noch einmal, was du eben getan hast! Ich weiß wohl, daß ich als Muselmane verpflichtet bin, auch die Narren und Verrückten zu achten, aber alles hat seine Grenzen! Wenn du mich noch einmal angreifst, ist es um dich geschehen!«

Und zu Sir Kenneth gewandt, fuhr er fort: »Was Euch betrifft, lieber Ritter, wäre mir Eure Hilfe lieber gewesen als die schönen Worte. In seinem Wahnsinn hätte dieser wilde Mensch mich töten können! Nun, da habt Ihr ihn, Euren Einsiedler!«

»Was, das soll er sein?« rief Sir Kenneth aus und starrte auf den hageren Menschen vor sich. »Das ist nie und nimmer der verehrungswürdige Theoderich. Ihr müßt Euch täuschen!«

»Wenn Ihr mir nicht glaubt, fragt ihn doch selbst!«

»Ja, ich bin Theoderich, der Hüter der Wüste, der Freund des Kreuzes und der Schrecken aller Ungläubigen!« verkündete dieser laut und schwang dabei einen metallenen Stab.

»Ja, ja, das ist er, Euer heiliger Mann«, sagte der Emir und mußte lachen, als er Sir Kenneth ansah, der voll Befremden auf den wild gestikulierenden Mann

starrte. Mittlerweile zertrümmerte der Einsiedler einen Stein, nur um zu beweisen, wie stark er war.

»Aber das ist doch ein Verrückter!« rief Sir Kenneth aus.

»Was ihn keineswegs daran hindert, ein Heiliger zu sein!« war die Antwort des Emirs. »Es gibt bei uns ein Sprichwort und das lautet so: ,Sieht dein eines Auge nichts mehr, sieht das andere um so besser. Versagt dir eine Hand den Dienst, wird die andere um so kräftiger.' Und genauso verhält es sich auch mit unserem Geist. Wenn er die menschlichen, irdischen Dinge nicht mehr verstehen kann, begreift er die himmlischen um so besser.«

Der Einsiedler überschrie, laut singend, die Worte des Emirs: »Ich heiße Theoderich! Ich bin das Banner in der Wüste und der Schrecken der Ungläubigen! Der Löwe und der Leopard sind meine Freunde und verbringen die Nacht bei mir! Ihre Krallen fürchtet die Ziege nicht länger. Ich bin das Banner und die Leuchte!«

Während der Einsiedler mit schriller Stimme diese seltsamen Worte sang, begann er die beiden Reiter zu umkreisen. Plötzlich hielt er inne.

»Er will, daß wir ihm folgen«, übersetzte der Emir, der das Kauderwelsch des Einsiedlers offenbar verstand. »Ihr seid der Leopard, denn er hat Euer Wappen gesehen, und daß ich den Beinamen ,der Löwe' trage, weiß er auch. Da er sich in Ziegenfelle kleidet, ist er ganz offensichtlich selber die Ziege. Er wollte uns damit sagen, daß wir für diese Nacht in seiner Höhle willkommen sind. Folgen wir ihm also, aber verliert ihn nicht aus den Augen, er ist viel schneller als wir.«

Sie hatten tatsächlich alle Mühe, mit dem Einsiedler Schritt zu halten. Er ging den beiden Gefährten auf schmalen Gebirgspfaden und entlang von schwindelnden Abgründen voran. Am Eingang einer Höhle blieb er stehen und schwang eine Art Fackel, ein in Pech getränktes Grasbüschel, das einen entsetzlichen Gestank verbreitete.

Die beiden Reiter saßen ab und folgten dem

Einsiedler in die Höhle. Sir Kenneth sah sich um. Die Höhle war zweigeteilt. Im ersten Raum war ein Altar errichtet, mit einem Kreuz aus Schilfrohr darauf: das war die Kapelle des Einsiedlers. Den zweiten Raum hatte er sich als Schlafkammer eingerichtet. Mit viel Geduld und Mühe war es ihm gelungen, den Boden eben zu machen. Er war mit feinem Sand bedeckt, und eine in einem Winkel sprudelnde Quelle sorgte dafür, daß er stets feucht blieb.
Der Einsiedler zündete zwei Kerzen an. In ihrem sanften Licht sahen die Besucher in einem Winkel allerlei Werkzeug lehnen, und in einer Nische eine geschnitzte Statue der Heiligen Jungfrau.
Über den Boden waren einige Schilfmatten gebreitet, und in der Mitte des

Raumes stand ein Tisch, gedeckt mit Rüben, Grünzeug und getrocknetem Fleisch.

Sir Kenneth war verwirrt angesichts der Gastfreundschaft des Einsiedlers. Wie vertrug sich dies mit seinem feindseligen Verhalten bei ihrem ersten Zusammentreffen? Der heilige Mann hatte seine Ruhe wiedergefunden. Sein asketisches Gesicht hatte einen demütigen Ausdruck angenommen. Seine imponierende Gestalt, das lange Haar, der dichte Bart und die durchdringenden Augen ließen allerdings viel eher an einen alten Krieger als an einen verehrungswürdigen Einsiedler denken.

Auch der Emir betrachtete ihn mit großer Hochachtung und flüsterte Sir Kenneth heimlich zu: »Im Augenblick hat Hamako einen seiner hellen Augenblicke. Aber ehe wir nicht gegessen haben, wird er nicht ein Wort mit uns reden …«

Er bedeutete dem Kreuzritter, Platz zu nehmen. Er selbst setzte sich nach orientalischer Art auf eine der Schilfmatten. Der Einsiedler hob die Arme, segnete das Mahl, das er seinen Gästen bereitet hatte, und die beiden aßen schweigend. Nach dem Mahl, an dem er selbst nicht teilgenommen hatte, räumte der Einsiedler den Tisch ab und stellte einen Krug Wasser vor den Emir, einen Becher Wein vor den Ritter hin. »Trinkt, meine Söhne«, sprach er dazu. »Die Gaben Gottes sind dazu da, daß wir uns ihrer bedienen, vorausgesetzt, daß wir den Herrn darüber nicht vergessen!«

Damit zog er sich in die Kapelle zurück, um zu beten und ließ seine Gäste im anderen Raum zurück. Der schottische Ritter und der Emir saßen in Gedanken versunken da. Sir Kenneth konnte die Gewalttätigkeiten beim ersten Zusammentreffen mit dem Einsiedler nicht vergessen. Er begriff nicht, wie dieser in

den Urzustand eines Wilden zurückgefallene Wahnsinnige zugleich der Mensch sein konnte, der so ergreifende Briefe über die Leiden der Christen im Heiligen Land geschrieben hatte.

Verwirrt durch den seltsamen Empfang, den ihm der heilige Mann bereitet hatte, fragte er sich, ob er ihm die Botschaft, die die Heerführer des Kreuzzuges ihm aufgetragen hatten, überhaupt ausrichten sollte. Auch als der Emir ihm mehr über das Leben des Einsiedlers berichtete, konnte ihn das nicht beruhigen. Der Emir erzählte, daß Theoderich einst ein mutiger Krieger gewesen war, ein unvergleichlicher Ratgeber und ein Kämpfer, der seinesgleichen suchte. Dann war irgend etwas, für alle anderen Geheimnisvolles vorgefallen, Theoderich hatte sich unvermittelt zurückgezogen und lebte seit damals mitten in der Wüste. Hier fand er wieder Ruhe.

Die Christen verehrten ihn wegen seiner Heiligkeit, die Muselmanen wegen seiner Verrücktheit. Da sie der Meinung waren, daß Gott ihm den Wahnsinn geschickt hatte, nannten sie ihn Hamako, was soviel bedeutete wie »der verrückte Diener Gottes«. Nicht einmal Sultan Saladin hatte gewagt, über ihn ein Urteil zu fällen. Alle Welt wußte, daß er ein sehr gelehrter Mann war, daß er aber all seiner Weisheit zum Trotz furchtbare Wutanfälle bekam. Sobald es um seinen Glauben ging, verlor er den Kopf. Eines Tages war er so weit gegangen, zwei Araber gehörig zu züchtigen, weil sie Beleidigendes über das Christentum gesagt und seinen Altar verspottet hatten. Dieser Vorfall hatte seinen Ruhm begründet: Er galt als unerbittlich und weise zugleich. Auf Sultan Saladins Anordnung genoß er fortan Schutz und Anerkennung. Der Sultan selbst ging ihn mitsamt seinen Ratgebern regelmäßig besuchen, um seine Meinung einzuholen.

Aufgrund all dieser Einzelheiten fragte sich Sir Kenneth, ob der Einsiedler nicht vielleicht Komödie spielte, um mit den Arabern in Frieden zusammenleben zu können. Auch überlegte er, warum der Einsiedler vom Emir Ilderim und nicht vom Emir Sheerkohf gesprochen hatte. »Unser Gastgeber hat so phantasievolle Einfälle. Warum hat er Euch Ilderim genannt?« wandte er sich an seinen Gefährten.

»Als ich jung war, lebte ich noch bei meinem Vater, und dort hieß ich Ilderim«, erklärte der Emir. »Im Krieg haben mir meine Kämpfer dann den Namen ‚Löwe der Berge' gegeben. Aber da kommt Hamako wieder! Er wird uns auffordern, schlafen zu gehen. Ich kenne seine Gewohnheiten. Es ist besser, nicht an ihnen zu rütteln.«

Mit über der Brust gekreuzten Armen trat der Einsiedler vor seine Gäste hin, verneigte sich und sprach: »Gelobt sei Gott, der uns erlaubt auszuruhen nach den Mühen des Tages, zum Heil für Leib und Seele.«

»Amen«, antworteten die beiden Männer. Der Einsiedler geleitete sie zu ihren Lagerstätten, grüßte sie und ließ sie allein.

4

DAS HÖHLENKLOSTER

Sir Kenneth hätte nicht sagen können, wie lange er geschlafen hatte. Er wachte auf, als ihn eine Hand sanft an der Schulter rüttelte. Als er die Augen öffnete, sah er über sich im flackernden Schein einer Fackel das Antlitz des Einsiedlers.

»Steht auf!« hörte er ihn leise sagen. »Nehmt Euren Mantel und folgt mir ohne Lärm zu machen. Ich habe Euch etwas zu sagen, das diesen Ungläubigen da nichts angeht.«

Sir Kenneth erhob sich und griff nach seinem Schwert.

»Dieses Stück Eisen wird Euch zu nichts nütze sein«, flüsterte ihm der Alte zu. »Wir gehen an einen Ort, wo der Geist unsere einzige Waffe ist und wo der Boden zerbrechlicher ist als Schilfrohr.«

Der Ritter legte sein Schwert wieder hin. Unbewaffnet, bis auf seinen Dolch, von dem er sich nie trennte, folgte er dem seltsamen Mann. Er fragte sich, ob er nicht noch träume. Wie Schatten glitten sie an dem ruhig schlafenden Emir vorbei und gelangten in den Teil der Höhle, in dem der Altar stand. Theoderich kniete nieder und machte dem Ritter ein Zeichen, seinem Beispiel zu folgen. Der Alte betete mit solcher Inbrunst, daß Sir Kenneth nunmehr völlig sicher war, einen wirklichen Heiligen vor sich zu haben.

Als der Einsiedler das Gebet beendet hatte, bat er den Ritter, ihm einen Schleier zu reichen, der in einer Nische verborgen lag. In Wahrheit war dieser Schleier nur ein armseliger, zerrissener Lumpen, aber der Alte betrachtete ihn mit großer Ehrfurcht. Dann wandte er sich an den jungen Ritter: »In wenigen Augenblicken wird es Euch vergönnt sein, den größten Schatz zu schauen, den es auf Erden gibt. Ich Unglücklicher bin nicht würdig, ihn zu sehen. Es war vergebens, daß ich vor dem Teufel ins Gebirge geflohen bin. Meinem Erzfeind ist es gelungen, mich auch hier aufzuspüren.«

Mit einemmal ließ er das Klagen sein und fragte ganz ruhig: »Bringt Ihr mir eine Nachricht von Richard Löwenherz?«

»Der Rat der christlichen Fürsten schickt mich zu Euch«, antwortete Sir Kenneth. »Da König Richard krank ist, hat er mir keinerlei Auftrag erteilt.«

»Wie heißt Euer Losungswort?«

»Die Könige bedürfen des Bettlers.«

»Ausgezeichnet«, bestätigte der Einsiedler. »Zwar weiß ich, wer Ihr seid, aber ich mißtraue gegenwärtig jedem, Freund und Feind.«

Damit erhob er sich, ging wieder zurück in den hinteren Raum. Der Ritter folgte ihm.

Der Emir schlief noch immer.

»Schlaft nur im Schoße Eurer Unwissenheit. Eines Tages werdet auch Ihr erwachen!« sprach der alte Mann. Gleichzeitig winkte er dem Ritter, ihm auf die andere Seite der Höhle zu folgen. Er öffnete eine geheime Tür und bat den Ritter, ihm nun die Augen mit dem Schleier zu verbinden.

Sie stiegen gemeinsam über eine steile Stiege in die Tiefe und gelangten in eine seltsam geformte Höhle. In einem Winkel befand sich eine von zwei Säulen umrahmte schwere Tür. Ihr näherte sich Theoderich und wandte sich dann dem Ritter zu:

»Legt Euer Schuhwerk ab, denn der Boden, den Ihr nun betreten sollt, ist geheiligt. Macht Euren Geist frei von jedem irdischen Gedanken! Nun tretet hin und pocht dreimal an die Pforte.«

Der Ritter tat, wie der Alte ihn geheißen hatte, und die Tür öffnete sich. Gedämpftes Licht umfing ihn und ein wunderbarer Duft strömte ihm entgegen. Es brauchte eine Zeit, bis er sich ans Licht gewöhnt hatte, dann verriet ihm ein rascher Blick in die Runde, daß er sich in einer aus dem Felsen der Höhle herausgemeißelten gotischen Kirche befand.

Ein Altar erhob sich gleich beim Eingang. Dahinter fiel ein schwerer Vorhang nieder, der vermutlich ein geheiligtes

Kunstwerk oder eine kostbare Reliquie verbarg. Sir Kenneth trat langsam zum Altar hin, kniete nieder und begann ehrfürchtig zu beten. Plötzlich wurde er gewahr, daß der Vorhang sich geöffnet hatte.

Er sah in einer Nische ein großes Reliquiar aus Ebenholz, silberbeschlagen und mit zwei Schließen versehen. Er war noch ganz in seinen Anblick versunken, als es sich öffnete. Vor seinen bewundernden Augen zeigte sich ein Stück Holz, in das mit goldenen Lettern die Worte VERA CRUX, (das wahre Kreuz) eingelassen waren. Im selben Augenblick begann ein Chor von hohen Frauenstimmen das Lob Gottes zu singen.

Als der Lobgesang verstummte, schloß sich das Reliquiar, der Vorhang fiel zu und verbarg es wieder. Tief bewegt begann der Ritter zu beten.

Endlich stand er auf und fragte sich, wo sein Begleiter geblieben war. Der Einsiedler war, in der Haltung eines Büßers und mit verbundenen Augen, ganz im Hintergrund stehen geblieben. Der Ritter ging auf ihn zu, wollte mit ihm über das eben Geschaute reden, aber der alte Mann sagte sanft: »Geh nicht fort, geh nicht fort, du glücklicher Mensch. Kümmere dich nicht um mich alten Mann. Du wirst noch mehr schauen dürfen.« Und plötzlich war er verschwunden, wie vom Erdboden verschluckt.

Der Ritter war nun allein in der Kirche, fiel wieder auf die Knie und wartete ungeduldig. Da öffnete sich der Vorhang neuerlich, der Frauenchor begann wieder zu singen. Die Stimmen waren diesmal viel deutlicher zu hören. Eine Tür ging auf, langsam traten die Frauen ein, eine nach der anderen. Sie trugen Rosen im Arm, bewegten sich feierlich durch den Kirchenraum und schienen den Ritter gar nicht zu bemerken. Aus der Kleidung der Frauen schloß der Ritter, daß er sich in einem Kloster befand. Da die meisten Klöster im Land von Muselmanen verwüstet worden waren, hatten sich die frommen Frauen oft an ganz versteckte Orte zurückgezogen, um ihrem Glauben leben zu können.

Als der Chor zum zweitenmal an dem Ritter vorbeizog, ließ eine der weißverschleierten Frauen eine rote Rose zu Boden fallen, genau vor seine Füße. War's ein Zufall? Der Ritter hob die Rose auf.

Die Frauen zogen noch ein drittes Mal an ihm vorbei und der Ritter ließ die weißverschleierte Gestalt nicht aus den Augen. Sein Herz begann plötzlich wild zu schlagen. Die Kleidung dieser Frau unterschied sich in nichts von der der Nonnen und doch glaubte er in ihr jene erkannt zu haben, der sein ganzes Herz gehörte! Ein Zittern überfiel ihn und er glaubte zu träumen.

Aber er träumte keineswegs! Die Frau ließ noch eine Rose zu Boden fallen, und nun war Sir Kenneth seiner Sache sicher.

Den Rubinring an ihrem Finger hätte er unter Tausenden erkannt.

Aber was führte sie hierher in diese Kirche, mitten in der Wüste? Mittlerweile verließen die Nonnen langsam den Raum. Ehe »sie« durch die Tür verschwand, machte sie ihm mit dem Kopf noch ein kaum wahrnehmbares Zeichen.

Der Gesang verstummte und das Licht erlosch. Aber weder die Dunkelheit noch irgendein Zweifel konnten Sir Kenneth aus seinen tiefen

Gedanken reißen. Er konnte nur noch an die junge Frau denken, die er von ganzem Herzen liebte und an das Zeichen ihrer Zuneigung, das sie ihm eben gegeben hatte.
Sir Kenneth hatte noch nie Gelegenheit gehabt, ihre Stimme zu hören. Er hatte sich damit begnügen müssen, ihre Schönheit von ferne zu bewundern. Da sie dem hohen Adel angehörte, war es ihm untersagt, das Wort an sie zu richten. Sie war die schöne und hochgeborene Nichte König Richards von England und hieß Edith Plantagenet … Welche Frau aber könnte auf die Dauer der steten Aufmerksamkeit eines Ritters gegenüber gleichgültig bleiben, auch wenn dieser keinen so klingenden Namen hatte wie sie selbst? Bei Turnieren hatte sie mehr als einmal Gelegenheit gehabt, Sir Kenneth zu bewundern und war glücklich gewesen, wenn dabei sein Kampfesmut gelobt wurde.
Zwar bemühten sich die reichen, jungen Herren des hohen Adels um sie, aber ihre Gedanken gingen doch immer wieder zu diesem tapferen Ritter hin, der

nichts besaß, um seinen Adel zu beweisen. Als sie sich bewußt geworden war, daß sie den Leopardenritter liebte, kam sie seiner Bescheidenheit zu Hilfe und begann selbst die Hindernisse aus dem Weg zu räumen. Deshalb hatte sie die Rosen fallen lassen, und deshalb hatte sie den Rubinring angesteckt. Sie wußte, daß er ihn erkennen würde.

5

EINIGE TAGE DER EINKEHR BEI THEODERICH

Die Kirche blieb lange Zeit finster. Auf den Knien dankte Sir Kenneth dem Herrn für das Glück, das ihm so unvermutet zuteil geworden war. Es war eine gute Weile vergangen, als er plötzlich schrille, für diesen Ort ganz ungehörige Pfiffe vernahm, und seine Hand griff unwillkürlich nach dem Dolch. Dem Pfeifen folgte ein Knarren, als bewegten sich Seile in Rollen. Ganz langsam öffnete sich eine Falltür, ein schwacher Lichtschein fiel heraus, und wenig später erschien darin ein magerer, mit roter Seide bedeckter Arm. Im Licht der Laterne, die an diesem Arm hing, zwängte sich ein seltsames Wesen langsam durch die Falltür.

Es war ein Zwerg. Er war ganz in Rot gekleidet und trug eine riesige, mit bunten Federn geschmückte Kappe auf dem Kopf. In der Hand hielt er einen Besen. Als er seinem Versteck ganz entstiegen war, blieb er erst einmal stehen, wie um sich zu zeigen, und hob die Laterne in die Höhe, damit das Licht auf sein Gesicht fiel. Sir Kenneth mußte bei dieser seltsamen Erscheinung an jene Geister denken, die in den Sagen seiner Heimat vorkamen und unter der Erde wohnten.

Der Zwerg pfiff ein zweites Mal, da kroch aus der Falltür ein Wesen hervor, das womöglich noch häßlicher war als er selbst. Es war eine Zwergin, gleichfalls rot gekleidet, und auch sie trug einen Besen in der Hand.

Wie versteinert starrte Sir Kenneth auf die beiden mißgestalteten Wesen, die darangingen, die Kirche auszukehren. Als sie dabei in die Nähe des Ritters kamen, hob der Zwerg neuerlich die Laterne. Er warf der Frau einen Blick zu, und beide fingen zu lachen an.

Das war dem Ritter zuviel. Wütend verlangte er zu wissen, wer sie denn seien und was sie an diesem heiligen Ort zu suchen hätten.

»Ich bin Zwerg Nectabamus«, krächzte der kleine Mann.

»Und ich bin Genoveva, die Frau seiner Träume«, fügte die kleine Frau hinzu mit einer Stimme, die noch durchdringender war als die des Zwerges.

»Was sucht ihr hier?« fragte der Ritter. Er war noch nicht ganz überzeugt, daß er Menschen vor sich hatte.

»Edler Herr«, sagte der Zwerg sehr feierlich. »Ich bin ein unglücklicher Prinz, der aus dem Land des Königs von Jerusalem kommt, von wo ihn die Heiden verjagt haben.«

»Genug jetzt!« ließ sich da eine strenge Stimme aus der Tiefe der Kirche hören. »Hör auf und verschwinde!«

Auf diesen Befehl hin flüsterten die beiden Zwergengestalten zuerst in einer unverständlichen Sprache miteinander, löschten dann die Laterne und ließen den Ritter im Dunkeln. Nach einer Weile öffnete sich leise eine andere Tür, eine von der Decke hängende Öllampe verbreitete etwas Licht, und Sir Kenneth sah, daß der Einsiedler noch immer demütig auf den Knien lag. »Es ist vorbei«, seufzte der Alte. »Die Sünder müssen nun den Ort verlassen. Nimm die Lampe, Ritter, und führe mich. Ich will den Schleier erst von den Augen lösen, wenn ich den heiligen Ort verlassen habe.«

Der Ritter gehorchte. Bald waren sie wieder in der Höhle des Einsiedlers angelangt.

»Nun ist der Verurteilte wieder in seinem Kerker«, rief er aus, löste sich die Binde von den Augen und seufzte tief. »Geht wieder zur Ruhe, Ritter! Ich, ich kann nicht schlafen.«

Sir Kenneth grüßte seinen Gastgeber ehrfurchtsvoll und ließ ihn allein. Im Hinausgehen sah er mit einem Blick zurück, daß der Einsiedler sich den Rücken entblößte, und noch ehe er die Tür ganz geschlossen hatte, hörte er den pfeifenden Ton der Geißel, die der Alte zur Strafe für seine Sünden auf seinen Rücken niedersausen ließ.

Der Ritter erschauerte. Wie groß mußte die Sünde des Einsiedlers sein und wie tief seine Reue.

In der Schlafkammer fand er den Emir, der nach wie vor ruhig schlief. Sir Kenneth versuchte, mit Andacht den Rosenkranz zu beten, fiel aber schließlich in tiefen Schlaf.

Als er erwachte, suchte er den Einsiedler auf, um ihm die Fragen vorzutragen, die Gegenstand seines Auftrages waren. Der Alte lud ihn ein, einige Tage bei ihm zu bleiben. Der Emir indessen dankte für die erwiesene Gastfreundschaft und zog weiter. So verbrachte Sir Kenneth einige Tage allein mit dem Einsiedler, gab sich ganz seinem Glauben hin, betete viel und erforschte sein Gewissen. Er bereitete sich für den heiligen Kampf vor, dessentwegen er seine Heimat verlassen hatte, und führte lange Gespräche mit dem frommen Mann.

Die Kirche aber, in der er so Wunderbares gesehen hatte, durfte er nicht mehr betreten. Er dachte von neuem voll Entzücken an die singenden Nonnen, und fürchtete doch im selben Augenblick, daß alles nur ein Traum gewesen sein könnte.

6

IM LAGER VON KÖNIG RICHARD LÖWENHERZ

Währenddessen befand sich der englische König Richard Löwenherz in seinem Lager zwischen Akkon und Askalon. Hier hatte sich das Heer der Kreuzfahrer versammelt, das unter seiner Führung zum Kreuzzug aufgebrochen war. Ziel war die Einnahme Jerusalems gewesen, und das Ziel wäre auch gewiß erreicht worden, hätten nicht die anderen europäischen Fürsten König Richard aus Eifersucht ihre Unterstützung versagt.

Vor allem die Eifersucht und die Feindschaft König Philipps von Frankreich behinderten ihn bei der Belagerung von Jerusalem. Und dann, als angegriffen werden sollte, begann das Kreuzfahrerheer sich bereits aufzulösen. Viele liefen über, andere verließen einfach das Heer, weil ihre Anführer kein Interesse mehr an der Einnahme von Jerusalem zeigten.

Auch das Klima forderte seine Opfer unter den Kämpfern aus dem Norden, die an die großen Temperaturunterschiede zwischen Tag und Nacht nicht gewöhnt waren.

Die unaufhörlichen Scharmützel des Feindes stellten eine andere große Schwierigkeit dar. Sultan Saladin war einer der besten Strategen des Orients. Er hatte erfaßt, daß seine leichtbewaffneten Krieger niemals einen Sieg über das schwergerüstete Kreuzfahrerheer erringen konnten, und er schätzte seinen Gegner, Richard Löwenherz, richtig ein. Auch wenn den Kriegern des Sultans in so mancher Schlacht nichts anderes übriggeblieben war, als zu fliehen, waren sie bei den kleinen Plänkeleien durch ihre zahlenmäßige Überlegenheit doch stets im Vorteil.

Je geringer die Zahl der Kreuzfahrer wurde, desto seltener griffen Saladin und seine Leute an. Mehr als einmal war das christliche Heerlager von der leichten Reiterei der Sarazenen vollkommen umzingelt. Die Angreifer erweckten den Eindruck eines Wespenschwarmes, der, erst einmal in Reichweite gekommen, leicht zu erledigen war. Aber die Reiter des Sultans beschränkten sich darauf, ihre vergifteten Pfeile abzuschießen und dann sofort wieder in der Wüste zu verschwinden. Sie unterbrachen den Nachschub und verhinderten den Nachrichtenaustausch. Die Beschaffung von Nahrungsmitteln kostete so manchen Kreuzfahrer sein Leben, und auf der Suche nach Wasser blieb mehr als einer in seinem Blut liegen.

Dies alles konnte dem Mut und dem Kampfgeist des Königs nicht wirklich zusetzen. Mit den tapfersten seiner Ritter war er unentwegt im Sattel, stets bereit, jeder Gefahr zu trotzen. Doch den großen Temperaturschwankungen des Klimas und den großen Anstrengungen als Heerführer konnte seine ansonsten eiserne Natur nicht standhalten. Eine Fieberseuche, die im Lande wütete, warf ihn nieder.

Obwohl er außergewöhnliche Widerstandskraft besaß und äußerst tapfer war, konnte er sich bald nicht mehr im Sattel halten. Ja, er konnte sich kaum noch vom Lager erheben und war oft nicht mehr imstande, den Kriegsrat zu leiten.

Die Mitglieder dieses Rates waren heimlich mit Saladin übereingekommen, die

Kämpfe für dreißig Tage einzustellen. Die erzwungene Untätigkeit war für den Herrscher eine Qual. Was König Richard aber am meisten verärgerte, war die Gleichgültigkeit, die sich im Lager ausbreitete, seit alle wußten, daß er krank war. Er mußte zusehen, wie die anderen christlichen Fürsten die Kampfpause dazu benützten, um rund um das Lager Gräben ausheben und Palisaden aufstellen zu lassen. Anstatt ihren Gefolgsleuten neuen Mut zur Eroberung der Heiligen Stadt zu machen, trafen sie Vorbereitungen, als sollten sie einer Belagerung standhalten müssen. Mit jedem neuen Bericht, der ihn erreichte, fühlte sich der König mehr und mehr als Löwe im Käfig. Sein Jähzorn machte ihn zum Schrecken seines Gefolges, sogar die Ärzte mieden ihn. Einzig Baron de Vaux, der ihm mit Leib und Seele ergeben war, vermochte seinen Zornausbrüchen standzuhalten. Durch seine Ruhe und Entschlossenheit gelang es ihm, in beruhigender Weise auf ihn Einfluß zu nehmen.
In England hatte Sir Thomas Multon den Titel eines Lords of Gisland, aber seine Normannen nannten ihn gewöhnlich Lord de Vaux. Er war ein rauher

Krieger. Seine adelige Abkunft hinderte ihn nicht daran, rüde und in nachlässiger Kleidung aufzutreten. Seine Gegner behaupteten, er sei schlau und ahme den unbändigen Charakter seines Königs nach, um diesem besser zu gefallen.

Nach einem glühendheißen Tag war es Abend geworden. König Richard warf sich auf seinem Lager hin und her. Sein Geist war hellwach, aber der Körper verfiel mehr und mehr. Seine Augen glänzten vom Fieber, das abgemagerte Gesicht war gezeichnet von der Krankheit.

Unruhig zog er sich bald die Decke bis über den Kopf, bald schlug er sie mit einer ungeduldigen Bewegung wieder zurück. Sir Thomas Multon wachte beim König, setzte dessen fiebriger Unruhe seine eigene Ruhe entgegen. Seinem robusten Körper schienen weder Hitze noch Kälte etwas anhaben zu können. Sein Gesicht war das eines kampferprobten Kriegers.

Schon drei Tage wachte er nun bei König Richard. Er brachte es fertig, dessen Wutausbrüche zu besänftigen, ihm gelang es, den Kranken zur Einnahme der Arzneien zu bewegen. Niemand sonst hätte das vermocht. Die rauhe und

zugleich hingebungsvolle Art, mit der er seinen König umsorgte, hatte etwas Erschütterndes an sich.

Das Zelt, in dem Richard Löwenherz wohnte, war eher das eines Kriegers als das eines Königs. Die ungewöhnlichsten Waffen zum Kampf gegen die Sarazenen hingen an den Zelthaken oder lagen verstreut umher. Der Boden war mit den Fellen von Tieren belegt, die der König auf der Jagd erlegt hatte. Auf diesen Fellen lagen die drei schneeweißen Hunde des Königs. Narben an ihren Schnauzen bewiesen, daß sie das Ihre zum Erlegen der Beute beigetragen hatten. Von Zeit zu Zeit blinzelten die treuen Tiere zum Lager ihres Herrn hin. Sie langweilten sich, da sie zur Untätigkeit gezwungen waren. In einer Ecke des Zeltes stand eine holzgeschnitzte Truhe. Auf ihr stand der mit drei Löwen geschmückte, dreieckige Schild des Königs. Daneben lag auf einem blauen Samtkissen das Symbol der Königswürde Englands, die goldene Krone. Des Königs Streitkolben, der so schwer war, daß nur Richard Löwenherz imstande war, ihn zu schwingen, lehnte seitlich an der Truhe.

Einige Gefolgsleute des Königs hielten sich im anderen Teil des Zeltes auf. Der schlechte Gesundheitszustand ihres Herrn bedrückte sie, sie waren in Sorge, aber nicht nur um ihn, sondern auch um ihre eigene Zukunft.

Auch die Wachen vor dem Zelt teilten diese Sorge. Sie standen da, auf ihre Lanzen gestützt oder gingen schleppenden Schritts auf und ab, als wären sie nicht Krieger, sondern abgearbeitete, müde Bauern.

»So habt Ihr mir also gar nichts Erfreulicheres zu melden, Sir Thomas?« fragte der König nach langem Schweigen. »Unsere Ritter führen sich wie Weiber auf und unsere Frauen wie Betschwestern. Gibt's also niemanden mehr, der imstande wäre, wieder Begeisterung im Lager zu entflammen? In einem Lager, in dem die Besten aus der Ritterschaft Europas versammelt sind!«

»Majestät, die Waffenruhe untersagt uns jedwede kriegerische Handlung«, versuchte Sir Thomas zu erklären. »Und unsere vielgeliebte Königin ist mit ihrem Gefolge und in Begleitung von Prinzessin Edith zum Kloster des heiligmäßigen Theoderich gezogen, um dort für Euer Majestät Genesung zu beten.«

»Was?« schrie Richard wütend.« Die Königin und ihr Gefolge wagen sich in ein Land, in dem es von Heiden nur so wimmelt, die ebensowenig an Gott glauben, wie die Ungläubigen selbst!«

»Majestät! Sultan Saladin hat ihnen sein Wort gegeben. Niemand wird ihnen etwas zuleide tun!« antwortete Sir Thomas.

»Ja, es stimmt schon! Ich habe dem Sultan gegenüber letztens nicht viel Ehre aufgesteckt. Ich muß das demnächst nachholen. Gott gebe mir die Kraft, es an der Spitze meines Heeres erledigen zu können!«

Dabei hatte sich König Richard mühsam erhoben, ballte die Hand zur Faust und bewegte den Arm nach allen Seiten, als schwänge er sein Schwert bereits über dem Kopf des Sultans.

Sir Thomas trachtete, den König zu beruhigen und zwang ihn, sich wieder hinzulegen.

»Seid Ihr nicht imstande, einem Fieberanfall zu widerstehen, nicht einmal dann, wenn Euer Wohl auf dem Spiele steht?« fragte er streng.

»Einem Fieberanfall!« gab Richard sarkastisch zurück. »Wahrhaftig, wenn Ihr wollt, so nennt das einen Fieberanfall! Aber wie steht's denn dann um die ande-

ren Fürsten? Um Philipp von Frankreich, um Herzog Leopold von Österreich und um den Markgrafen von Montferrat? Wie denkt Ihr über den Großmeister der Johanniter, wie über den Großmeister der Templer? An welcher Krankheit leiden denn sie? Soll ich's Euch sagen? Sie haben den Wurm im Herzen, und der zwingt sie, ihren heiligen Eid zu brechen! Sie sind ehrlos geworden, sie haben Gott vergessen!«

»Um Gottes Barmherzigkeit willen, Majestät, beruhigt Euch. Ihr seid ja ganz außer Fassung!« beschwor Sir Thomas den König. »Unsere Leute fühlen es auch, und das ist auch die Ursache für Zank und Streit im Lager. Seien wir offen! Eure Krankheit hat den Kreuzzug lahmgelegt. Ohne Richard Löwenherz vermag das christliche Heer nichts!«

»Ihr wollt mir schmeicheln, Sir Thomas«, wehrte der König ab, der aber für Lobreden durchaus nicht unempfänglich war. Etwas entspannter, legte er sich wieder hin.

Thomas de Vaux war keineswegs ein Schmeichler; er hatte nur ausgesprochen, was er dachte. Er schwieg, und der König hing neuerlich seinen trüben Gedanken nach.

»Ich gebe zu, daß es eine gute Tat ist, einem kranken König zu schmeicheln, Sir Thomas«, fuhr der König wenig später fort. »Aber sagt mir nur, wie ist es möglich, daß Könige und Fürsten, die ein Bündnis geschlossen haben, daß Ritter, die aus allen Ländern Europas hier zusammengeströmt sind, plötzlich uneins werden, nur weil ein König krank wird, selbst wenn es der König von England ist! Warum sollte König Richards Krankheit oder gar sein Tod den Vormarsch von dreißigtausend tapferen Männern zum Stillstand bringen? Tötet ein Falke den Leitvogel eines Storchenzuges, nimmt ein anderer Storch den Platz an der Spitze ein. Warum versammeln sich die Fürsten nicht, um einen neuen Heerführer zu bestimmen?«

»Um es rundheraus zu sagen, Majestät: Mit verdeckten Worten wird bereits darüber gesprochen, daß die christlichen Fürsten tatsächlich daran denken«, antwortete Sir Thomas vorsichtig.

»Also doch!« König Richard war zutiefst getroffen. »Meine Verbündeten können also nicht einmal so lange zuwarten, bis ich die Letzte Ölung empfangen habe! Oder halten sie mich am Ende schon für tot? Natürlich nicht. Aber sie haben ja im Grunde nicht so unrecht. Wen wollen sie denn zum neuen Heerführer wählen?«

»Ich vermute, daß sie den König von Frankreich wählen werden, aufgrund seines Ranges und seiner Macht«, sagte Thomas de Vaux ohne zu zögern.

»Gütiger Gott! Philipp von Frankreich!« spottete Richard. »Ich getraue mich zu wetten, daß der sich im Weg irrt und das ganze Heer nach Paris anstatt nach Jerusalem führt! Seine Führungskunst zielt weniger darauf ab, den Sarazenen das Heilige Grab wieder zu entreißen, als darauf, seine Lehnsherren zu unterdrücken und Zwietracht zu säen unter den Verbündeten!«

»Majestät, es ist auch möglich, daß sie Herzog Leopold von Österreich wählen!«

»Was? Den? Sicherlich, weil er so groß und stark ist wie Ihr. Aber mit seiner Tapferkeit kommt er nicht an Euch heran. Der derbe Fleischklotz von einem Österreicher hat gerade so viel Kühnheit und Mut wie eine aufgescheuchte Wespe! Er an der Spitze des Heeres? Ihm sollte man besser ein Faß Wein spendieren, damit er es mit seinen Leuten leeren kann!«

»Da wäre noch der Großmeister der Templer«, fuhr Sir Thomas fort, um seinen Herrn zum Lachen zu bringen. »Das ist doch ein Kerl, der vor nichts Angst hat. Er hat Entschlußkraft und ist gescheit. Und sein einziger Ehrgeiz ist es doch, das Heilige Land wiederzuerobern. Wie denkt Ihr darüber, Majestät?«

»Giles Amaury?« lächelte der König. »Mein Gott, das ist gar nicht so unmöglich. Mit dem Kämpfen ist er vertraut, und ein kluger Ratgeber ist er auch. Aber der hat ja so viele andere Dinge im Kopf!«

»Mag sein! Einen Namen habe ich noch nicht genannt. Was halten Eure Majestät vom Markgrafen Konrad von Montferrat, das ist doch ein schlauer und tapferer Krieger?«

»Schlau sagt Ihr? Ihr meint wohl gerissen! Und tapfer? Vielleicht vor Frauen! Ein Großsprecher ist er, gerissen und unzuverlässig, das weiß doch jeder! Der wechselt seine Meinung, wie andere das Hemd. Er ist ein Kämpfer und ein guter Reiter und beim Turnier gibt er sein Letztes, solange bis die Schwerter stumpf werden und die Lanzen brechen!«

»Ja, Majestät, dann weiß ich nicht recht, wie es weitergehen soll«, seufzte Sir Thomas. »Wir sind wieder dort, wo wir am Anfang waren: Wir haben nicht die geringste Hoffnung, je vor dem Heiligen Grab beten zu können, es sei denn, Ihr werdet so schnell wie möglich gesund.«

König Richard brach in schallendes Gelächter aus: »Das nenn ich mir Beharrlichkeit! Sogar ein Baron aus dem Norden könnte seinen Herrn so weit bringen, daß er seine eigene Schwäche eingesteht! Ja, Baron de Vaux, ich bekenne, daß ich schwach bin und daß ich großen Ehrgeiz habe! Es gibt im Lager bestimmt bessere Ritter, als den König von England. Aber die Führung des Heeres sollte doch dem unter ihnen anvertraut werden, der dazu am besten befähigt ist. Gelänge es nun einem solchen Ritter, die Fahne des Kreuzes auf dem Tempel von Jerusalem aufzupflanzen, noch ehe ich wieder gesund bin, brächte er mich um meinen Ruhm!« Und dabei richtete sich der König auf, und seine Augen glänzten, als gelte es bereits, in die Schlacht zu ziehen. »Horcht! Was sind das für Trompetensignale im Lager?«

»Ich glaube, Majestät, das sind König Philipps Trompeten!«

»Da hört Ihr aber schlecht, Baron!« rief der König. »Erkennt Ihr diesen Klang nicht? Beim Himmel, Araber sind im Lager! Ich höre schon ihr Kriegsgeschrei!« Er versuchte sich zu erheben, und Sir Thomas mußte einen Diener zu Hilfe rufen, um den König mit Gewalt zurückzuhalten.

»Ihr seid ein gemeiner Verräter, Thomas de Vaux!« keuchte der König, während er erschöpft in sein Kissen zurückfiel. »Ich hätte große Lust, Euch mit meinem Streitkolben den Schädel in Stücke zu hauen!«

»Hättet Ihr nur die Kraft dazu«, gab der Baron zurück. »Nichts sähe ich lieber, als unsern König Richard, wie er einmal war. Dafür wollte ich gern mein Leben geben!« Der König reichte ihm die Hand, und Sir Thomas küßte sie ehrfurchtsvoll.

»Mein treuer, guter Baron!« sagte der König.« Vergebt mir meine Ausfälligkeiten! Fühlt Ihr Euch gekränkt, lastet es dem Fieber an, aber nicht dem König von England. Jetzt geht, seht nach und meldet mir schnellstens, wer diese

Fremden sind, die sich da Zutritt zum Lager verschafft haben. Denn die Signale, die ich höre, kommen nicht aus Trompeten des christlichen Heerlagers!«
Baron de Vaux dachte nur an den Gesundheitszustand seines Herrn. Dem Befehl des englischen Königs unterstand hier in Palästina auch eine große Zahl schottischer Krieger. In seinem Sinn für Gerechtigkeit machte Richard im Kampf auch keinen Unterschied zwischen Schotten und Engländern. Auf diese Weise gelang es ihm, das gute Einverständnis zwischen ihnen zu heben. Kaum aber war er krank geworden, gab es wieder neue Schwierigkeiten. Die gemeinsam erfochtenen Siege hatten Schotten und Engländer einander näher gebracht, jetzt aber flackerten die Feindseligkeiten auf allen Ebenen wieder auf.

Von diesem Übel waren alle Teile des Kreuzfahrerheeres betroffen, ob sie nun aus Frankreich, England oder Italien, aus dem deutschen Reichsgebiet, aus Dänemark oder Schweden gekommen waren.
Unter all den Engländern, die mit König Richard nach Palästina gekommen waren, stand Baron de Vaux den Schotten am feindseligsten gegenüber. Seine Besitzungen in England lagen hart an der Grenze zu Schottland. Als er noch jung war, hatte er oft gegen die Schotten gekämpft und war mehr als einmal vom Pferd gestoßen worden. Außerdem konnte er hassen und lieben, wen er wollte, er war schließlich ein freier Mann. Er hielt die Freundlichkeit der Schotten für angeborene Gerissenheit. Er empfand Abscheu vor dem Volk, zeigte es aber nicht, aus Respekt vor seinem König und weil er ein guter Kreuzritter war. Traf er einen Schotten, hütete er sich, irgend etwas zu sagen, so daß es im Lager schon hieß, er sei nicht nur ein geschworener Feind der Schotten, sondern auch ihr bester Freund; je nach dem, wie er es brauchte. Und seit des Königs Krankheit war er oft im schottischen Quartier, um dort heimlich Nahrungsmittel und Arzneien für seinen Herrn zu erstehen.
Überrascht fuhr er aus seinen Gedanken auf, als der König ihn anherrschte: »Geht jetzt!«
Er verließ das Zelt, um des Königs Auftrag auszuführen, aber zuvor schärfte er den Wachen noch ein, mehr denn je die Augen offen zu halten. Er drohte ihnen sogar an, sie mit eigener Hand umzubringen, sollte dem König indessen irgend etwas zustoßen.

7

DER MUSELMANISCHE ARZT

Als Baron de Vaux aus dem Zelt trat, stellte er fest, daß der König recht gehabt hatte. Es waren tatsächliche sarazenische Trompeten und Trommeln, die den Lärm verursachten ... Zu seiner Überraschung sah er zwischen den Helmen der Kreuzritter arabische Turbane auftauchen. Die Sarazenen waren also innerhalb des Lagers! Eigentlich war es Brauch, daß arabische Unterhändler außerhalb des Lagers zu warten hatten!
Der erste Kreuzfahrer, dem er begegnete, war ein Ritter, der mühsam, aber dennoch stolz einherschritt. Nach diesem Gang zu schließen, konnte er nur Spanier oder Schotte sein. Der Baron erkannte ihn sofort. Es war Sir Kenneth, der Leopardenritter, ein Schotte, der zumindest wußte, was kämpfen hieß!
Sir Thomas hatte nicht die Absicht, gerade ihn zu befragen, und Sir Kenneth war das auch vollkommen klar. Er ging daher auf den Baron zu und sagte: »Lord de Vaux, würdet Ihr mir einen Augenblick Gehör schenken? Ich hätte euch etwas Wichtiges zu sagen.«
»Wie das? Ihr mir?« rief der Engländer. »Nun, sprecht meinetwegen, aber macht es kurz, ich bin im Auftrag des Königs unterwegs!«
»Was ich Euch sagen will, betrifft König Richard. Ich glaube, ich habe das Mittel gefunden, das ihn wieder gesundmachen kann.«
Ungläubig maß der Baron ihn von oben bis unten und meinte dann herablassend: »Ihr seid kein Arzt, lieber Ritter! Ich sähe es lieber, wenn Ihr dem König einen Schatz überbrächtet!«
Sir Kenneth tat, als hätte er das hochmütige Gehabe des Engländers gar nicht bemerkt und fuhr ruhig fort: »Ist des Königs Gesundheit nicht mindestens ebenso wichtig, wie es die Herrschaft und der Sieg der Christenheit sind? Aber die Zeit drängt! Kann ich den König sprechen?«
»Davon kann nicht die Rede sein, solange Ihr Euch nicht etwas klarer ausdrückt, mein lieber Ritter. Das Zelt des Königs ist keine Herberge, in der jeder aus und ein gehen kann, wie er will!«
»Mylord, ich berufe mich bei meiner Mission auf das Kreuz, das wir beide tragen!« antwortete Sir Kenneth und konnte seinen Zorn kaum noch beherrschen. »Und dieses Kreuz ist auch der einzige Grund dafür, daß ich Euer unverschämtes Betragen hinnehme. Ansonsten hätte ich längst Genugtuung von Euch gefordert. Kurz: Dort in meinem Zelt befindet sich ein muselmanischer Arzt, der imstande ist, König Richard wieder gesund zu machen.«
»Was Ihr nicht sagt! Ein muselmanischer Arzt! Und wer bürgt mir denn dafür, daß er dem König nicht Gift anstelle einer Arznei verabreichen wird?«
»Er selbst bürgt mit seinem Leben!«
»Dann setzt er vielleicht sein Leben aufs Spiel, wie viele andere Araber auch. Sie machen sich nicht viel aus ihrem Leben und opfern es aus freien Stücken für Allah!«
»Hört mich an, Mylord! Alle Welt weiß, daß Sultan Saladin ein ehrenhafter Feind ist. Und kein Geringerer als er schickt diesen Arzt mit einem Leibwächter und großem Gefolge zum König. Er kommt nicht nur mit reichen

Geschenken, sondern hat auch folgende Botschaft zu überbringen: ‚Saladin hofft, daß des Königs Gesundheit bald wiederhergestellt sein wird, und daß der König mit dabeisein kann, wenn er, den Krummsäbel in der Faust, an der Spitze von hunderttausend Mann ihm entgegengeritten kommt.' Euch als Leibwächter des Königs steht es nun zu, diesen Arzt mit allen Ehren zu empfangen.«

»Großartig!« sagte der Baron mehr zu sich selbst. »Aber wer bürgt mir denn dafür, daß der Sultan meines Vertrauens würdig ist? Daß er sich nicht auf diese Weise seines mächtigsten Gegners entledigen will?«

»Meine Ehre und mein Leben mögen Euch dafür Bürge sein!«

»Das wird ja immer besser! Ein Kreuzritter, der sich für einen Heiden verbürgt! Sagt einmal, Ritter! Wie kommt Ihr überhaupt dazu, in diese Sache verwickelt zu sein?«

»Ich komme eben von einer Pilgerfahrt zurück«, antwortete Sir Kenneth. »Unterwegs habe ich dem Einsiedler Theoderich eine Botschaft überbracht.«

»Darf ich den Inhalt dieser Botschaft wissen?« unterbrach ihn der Baron. »Und die Antwort des heiligen Mannes?«

»Es ist mir nicht möglich, mehr darüber zu sagen, Baron«, entgegnete Sir Kenneth zurückhaltend.

»Denkt daran, daß ich Mitglied des Geheimen Rates von England bin!« sagte Thomas de Vaux stolz.

»Und ich bin nicht Euer Landsmann!« gab Sir Kenneth mit gleicher Münze zurück. »Die wichtigsten Heerführer des Kreuzzuges haben mir diese Mission übertragen, und ihnen werde ich Rede und Antwort stehen.«

»Ach, also auf diese Weise glaubt Ihr davonkommen zu können!« spottete der Baron. »Nun, dann nehmt nur zur Kenntnis, schöner Botschafter der Fürsten und Könige, daß kein Arzt der Welt ohne meine Zustimmung ans Lager des Königs von England treten darf. Wer immer es versuchte, würde mit dem Tode bestraft.«

Damit wandte sich der Baron ab und wollte gehen, als sich Sir Kenneth ihm in den Weg

stellte, ihn voll ansah und drohend fragte: »Bin ich in Euren Augen ein guter Ritter, ein Edelmann?«

»Alle Schotten kommen bereits als Edelleute zur Welt!« gab Baron de Vaux ironisch zurück. Als er aber sah, daß Sir Kenneth's Gesicht vor verhaltener Wut rot anlief, begriff er, daß er zu weit gegangen war. »Es tut mir leid. Es liegt mir fern, Eure ritterlichen Fähigkeiten in Frage zu stellen. Ich habe Euch im Kampf gesehen.«

»Dann schenkt meiner Bitte Gehör, Sir Thomas. Wichtig ist allein, daß der König gesund wird. Bei meiner Ehre und bei dem heiligen Kreuz auf meiner Brust: Ich empfehle Euch diesen Arzt.«

Der feierliche Ton Sir Kenneths beeindruckte den Baron und er antwortete: »Sagt mir, Leopardenritter, haltet Ihr es wirklich für angezeigt, diesen unbekannten Arzt zu König Richard zu führen? Vergeßt nicht, daß die Menschen hier sich besser darauf verstehen, Gift in die Speisen zu mischen, als Speisen zuzubereiten!«

»Mylord«, sagte Sir Kenneth. »Hört nur so viel: Mein Knappe – ich habe nur noch diesen einen – litt an den gleichen Fieberanfällen wie König Richard. Saladins Arzt hat ihm einen Trank verabreicht, und seit dieser Stunde schläft mein Knappe ruhig und das Fieber ist gesunken. Ich bin überzeugt, daß dieser Arzt auch den König von England heilen kann. Vergeßt vor allem eines nicht: Dieser Arzt wurde von Sultan Saladin geschickt, und der Sultan hat noch nie sein Wort gebrochen …«

Sir Thomas hörte mit halbgeschlossenen Augen zu, wie um die eigenen Zweifel zu verjagen.

Schließlich fragte er: »Könnte ich den kranken Knappen einmal sehen?«

Der schottische Ritter zögerte einen Augenblick, ehe er antwortete: »Selbstverständlich, Sir Thomas. Wenn Ihr nun meine Behausung zu sehen bekommt, müßt Ihr Euch allerdings bewußt sein, daß die Zelte von uns schottischen Edelleuten weit einfacher sind als die der Englän-

der. Ich will damit sagen, ich bin nicht gerade reich.« Der Baron beruhigte ihn mit der Versicherung, daß er einen Ritter nicht nach seinem Vermögen, sondern nach seinem Verhalten und nach seinen Taten beurteile. Damit schlugen die beiden Ritter den Weg zum Zelt ein.

Als sie dort angelangt waren, konnte sich der Baron angesichts der Bescheidenheit dieser Behausung einer tiefen Bestürzung nicht erwehren. Nicht ein einziger Knappe war zu sehen, das Zelt war nicht bewacht. Lediglich ein junger Mensch, fast noch ein Kind, saß davor und war damit beschäftigt, Gerstenbrot zu backen. An einer der Zeltstangen hing ein Stück Fleisch.

Der schottische Ritter trat als erster ins Zelt und bedeutete dem Baron, ihm zu folgen. Dieser zögerte zunächst und warf vorerst einen Blick in die Runde. Er sah zwei Schlafstellen. Auf der einen lagen Waffen und ein silbernes Kreuz; sie gehörte offensichtlich dem Ritter. Auf der anderen lag der Knappe; er mochte etwa zwanzig Jahre alt sein.

Aus einer Ecke sah ihm ein großer Jagdhund entgegen, sicherlich Sir Kenneths Hund.

Der Arzt saß nach Art der Araber mit überkreuzten Beinen neben dem Lager des Kranken. Im Zelt war es so dunkel, daß der Baron nicht viel mehr als seine glänzenden, tiefgründig blickenden Augen sehen konnte. Er sprach kein Wort. Sowohl die Dürftigkeit der Behausung als auch die einnehmende Art, mit der sich der Arzt um den Kranken bemühte, beeindruckten ihn, nötigten ihm Respekt ab.

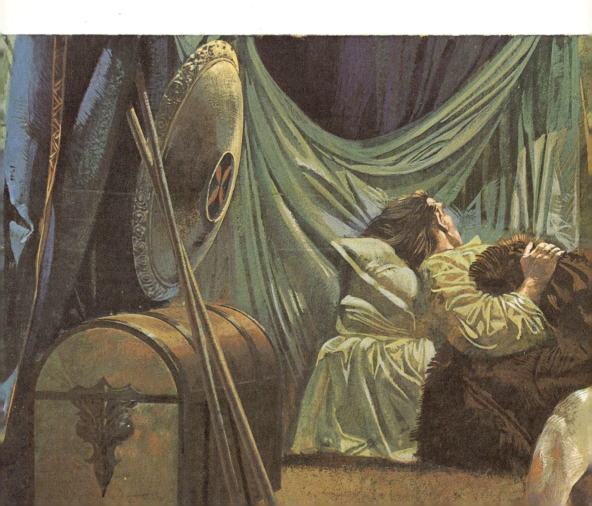

Der ruhiggehende Atem des Schlafenden blieb für eine Weile das einzige Geräusch. Dann flüsterte Sir Kenneth: »Ihr habt den Diener draußen gesehen. Er hat den Kranken versorgt, während ich fort war, und er behauptet, daß dieser nun seit sechs Tagen zum erstenmal wieder schläft!«

»Sir Kenneth, das muß anders werden. Wir müssen etwas tun. Der arme Mensch braucht ordentliches Essen, ordentliche Pflege!« Baron de Vaux hielt ihm brüderlich die Hand hin, hatte aber so laut gesprochen, daß der Kranke sich unruhig bewegte.

»Herr Ritter«, murmelte er wie im Traum. »Sir Kenneth, findet Ihr nicht auch, daß das Wasser der Clyde viel besser schmeckt, als die fauligen Quellen hier?«

»Er träumt von seiner Heimat«, flüsterte Sir Kenneth.

Er hatte den Satz kaum beendet, da erhob sich der arabische Arzt und sagte leise aber bestimmt: »Ich bitte Euch, Ritter, stört

nicht die heilende Wirkung meiner Arzneien! Wenn er jetzt aufwacht, könnte er daran sterben oder aber verrückt werden. Kommt zur Zeit des Abendgebetes wieder. Ich versichere Euch, der Knappe wird dann so frisch sein, daß er auf Eure Fragen Antwort geben kann.«

Der Ritter und der Baron verließen sofort das Zelt, und Sir Kenneth blieb beim Eingang stehen, weil er dachte, daß Sir Thomas sich nun verabschieden würde. Der zögerte, schien noch etwas sagen zu wollen. Der Jagdhund war ihnen gefolgt, stieß mit der Schnauze gegen die Hand seines Herrn und bettelte um eine Liebkosung. Nachdem Sir Kenneth ihn gestreichelt hatte, lief er fröhlich in großen Kreisen um die Zelte. Dann beruhigte er sich und kehrte zu seinem Herrn zurück. Belustigt hatten ihn die beiden Männer beobachtet. Sir Kenneth war nicht wenig stolz auf den herrlich schönen Hund, und auch Sir Thomas bewunderte das edle Tier. Er jagte gern und kannte sich daher mit Hunden aus.

»Das nenn' ich mir einen schönen Hund«, sagte er. »Nicht einmal König Richard hat ein so schönes und schnelles Tier! Aber etwas anderes, Ritter. Ich stelle Euch die Frage in Eurem eigenen Interesse. Sind Euch die Vorschriften nicht bekannt? Wer nicht Graf ist, darf sich keinen Jagdhund halten hier im Lager des Königs; es sei denn, er hätte eine Sondererlaubnis. Ich sage Euch das in meiner Eigenschaft als Oberstallmeister des Königs!«

»Und ich antworte Euch als freier schottischer Ritter!« gab Sir Kenneth stolz zurück. »Ich kämpfe zwar unter der Fahne des englischen Königs, aber ich kann mich nicht daran erinnern, daß ich mich je seinen Gesetzen unterstellt hätte! Sobald die Trompeten zum Kampf rufen, bin ich unter den ersten, die zu

den Waffen greifen, das weiß alle Welt. Aber ich kann mir nicht vorstellen, daß König Richard mir vorschreiben will, was ich in meiner freien Zeit tun darf und was nicht!«

Der Ritter hatte dies so hitzig vorgebracht, daß Sir Thomas sich ein Lächeln nicht verbeißen konnte. Der Sprecher dieser Worte gefiel ihm immer besser, aber nichtsdestoweniger war er überzeugt, daß er ihn zurechtweisen müsse.

»Ganz ausgezeichnet, mein Lieber! Aber trotzalledem wäret Ihr im Unrecht, wenn Ihr einem Befehl des Königs nicht gehorcht! Da es mir zukommt, solche Fragen zu entscheiden, will ich Euch die Bewilligung erteilen. Ihr könnt Euren schönen Hund behalten.«

»Ich danke Euch«, antwortete der Ritter kühl. »Aber mein Hund kennt den Bereich, den man mir in diesem Lager zugewiesen hat. Sollte er sich einmal verlaufen, fühle ich mich durchaus imstande, ihn selbst zu schützen! Jedenfalls danke ich Euch von ganzem Herzen, Mylord«, fügte er dann liebenswürdiger hinzu. »Eines schönen Tages hätte es ja doch geschehen können, daß Roswal den Stallmeistern des Königs über den Weg läuft und sie ihn einfangen. Aufbrausend wie ich bin, wäre ich fast zu weit gegangen. Ihr habt gesehen, wie ich lebe. Beschämt muß ich gestehen, daß Roswal für mich und meinen Knappen der wichtigste Helfer beim Auftreiben von Nahrung ist. Ich hoffe also, daß König Richard einen armen Edelmann nicht um sein bescheidenes Vergnügen und um sein erlegtes Wild bringen wird.«

»Ihr zollt unserem König allen Respekt, der ihm zukommt«, antwortete der Baron. »Ich muß nun zu ihm zurück. Wenn Ihr es wünscht, suche ich Euch am Abend wieder auf in Eurem Zelt, um mit dem arabischen Arzt zu sprechen. Inzwischen wird es mir eine Freude sein, Euch Speis und Trank bringen zu lassen, damit Euer Knappe wieder zu Kräften kommt.«

»Ich danke Euch, Mylord, aber das wird nicht nötig sein. Roswal hat mich mit Fleisch versorgt. Gedörrt wird es für mindestens zwei Wochen reichen.«

So fiel der Abschied zwischen dem schottischen Ritter und dem englischen Baron wesentlich freundlicher aus als ihr erstes Zusammentreffen. Der Baron wußte nun ausreichend Bescheid über den arabischen Arzt. So ließ er König Richard das Beglaubigungsschreiben des Sultans überbringen.

8

EL HAKIM STELLT SEINE KUNST UNTER BEWEIS

»Die ganze Geschichte kommt mir seltsam vor, Sir Thomas«, sagte König Richard, sobald der Baron mit seinem Bericht über den Arzt zu Ende war. »Und Ihr seid überzeugt, daß dieser Schotte Unseres Vertrauens würdig ist?«

»Majestät, ich mußte mich zu oft mit den Schotten herumschlagen, als daß ich sie als Ehrenmänner bezeichnen könnte. Ich muß allerdings zugeben, daß dieser Mann nicht wie alle anderen ist ...«

»Kennt Ihr seine Fähigkeiten als Ritter?«

»Majestät, wenn einer die Waffentaten eines Ritters beurteilen kann, dann seid Ihr es. Und ich denke, der Leopardenritter ist Euch schon seit langem aufgefallen ... Er hat einen ausgezeichneten Ruf als Ritter.«

»Da habt Ihr recht, Sir Thomas. Ich habe ihn im Kampf beobachtet, und ich hätte ihn längst ausgezeichnet, wäre da nicht sein herausforderndes Benehmen.«

»Majestät«, sagte der Baron, »ich fürchte, Ihr werdet mich tadeln; ich habe ihm versprochen, für alle Fehler, deren er sich je schuldig gemacht hat, die Verteidigung zu übernehmen.«

»Was? Das habt Ihr getan?« rief der König verärgert und überrascht zugleich. »Ihr habt die Stirn, seine Verstöße auch noch zu unterstützen? Dazu habt Ihr kein Recht!«

»Majestät, gestattet mir ein erklärendes Wort. In meiner Funktion als Oberstallmeister kann ich es den Edelleuten gestatten, ein oder zwei Hunde innerhalb des Lagers zu halten. Wann immer es möglich ist, erteile ich diese Er=laubnis, schon allein, um das edle Weidwerk zu fördern.«

»Ihr habt ihm also die Bewilligung gegeben, mit seinem Hund jagen zu dürfen, darüber brauchen wir kein Wort mehr zu verlieren. Aber habt die Güte und seid nicht allzu schnell mit dem Gewähren von Vergünstigungen bei Abenteurern dieser Art, die keinem Herrn gehorchen. Sie tun nur, was ihnen paßt. Ließe man sie gewähren, würde sich unser Heer sehr schnell in eine zuchtlose Horde verwandeln. Doch kehren wir zu diesem sarazenischen Arzt zurück. Sagtet Ihr nicht, daß dieser schottische Ritter ihm in der Wüste begegnet ist?«

»Nicht direkt, Majestät ... Sir Kenneth war unterwegs zum alten Theoderich. Das ist der Einsiedler, von dem zur Zeit so viel die Rede ist ...«

»Himmel und Hölle!« rief der König und sprang dabei von seinem Lager auf. »Wer hat ihn dorthin geschickt? Und warum? Wer hat sich die Frechheit herausgenommen, einen Ritter zu Theoderich zu schicken, während die Königin dort weilt, um für meine Genesung zu beten?«

»Majestät, der Rat der Kreuzritter hat ihm diesen Auftrag erteilt«, antwortete der Baron. »Es weiß niemand oder doch fast niemand, daß die Königin auf Pilgerfahrt ist. Nicht einmal ich wußte davon. Die Fürsten waren vermutlich auch nicht unterrichtet ...«

»Wir werden noch darauf zurückkommen. Dieser Ritter ist also beim weisen Theoderich mit dem Arzt zusammengetroffen?«

»Nein, Majestät. Die Dinge haben sich so abgespielt: Der Ritter war unterwegs zum Einsiedler, als er auf einen sarazenischen Emir stieß. Zunächst kämpften sie gegeneinander, dann schlossen sie Freundschaft und zogen gemeinsam zum Einsiedler.«

Der Baron schwieg eine Weile. Außer Atem vom ungewohnten vielen Reden, mußte er erst einmal Luft schöpfen.

»Und dort sind also die beiden auf den Arzt gestoßen«, bohrte der König ungeduldig weiter.

»Nein, Majestät. Der Sarazene hatte schon von Eurer Majestät Krankheit gehört und versprochen, darüber mit Sultan Saladin persönlich zu sprechen. Offensichtlich hielt er Wort, denn wenige Tage später stellte sich der Arzt bei

der Höhle des Einsiedlers ein. Er ist gemeinsam mit dem schottischen Ritter im Lager eingetroffen, begleitet von einem großen Gefolge, das zum Klang von Trommeln und Trompeten durchs Lager zieht. Er hat auch ein Beglaubigungsschreiben des Sultans bei sich.«

»Habt Ihr es Jakob Loredan zu lesen gegeben?«

»Ja, Herr. Er hat es gelesen, und hier ist die Übersetzung.« Der König nahm das Pergament und las:

»Im Namen Allahs, im Namen Mohammeds, seines Propheten, und im Namen Saladins, des Königs der Könige, des Sultans von Ägypten und Syrien, geht mein Gruß an Richard von England.

Da ich erfahren habe, daß Ihr, mein königlicher Bruder, krank seid, habe ich unseren Arzt El Hakim zu Euch gesandt. Er ist imstande, Euch wiederherzustellen, denn er kennt die Hilfsquellen der Erde, die Geheimnisse der Pflanzen und den Lauf der Sonne, des Mondes und der Sterne. Ich bitte Euch, seine Kunst in Anspruch zu nehmen, damit ich Euch bei guter Gesundheit wiedersehen kann und wir den Kampf, der uns entzweit, einem Ende zuführen können. Nur durch einen für beide Teile ehrenvollen Vergleich oder durch eine Entscheidungsschlacht zwischen unseren Heeren werden wir dahin gelangen. Ich bin überzeugt, daß es nicht Euer Wunsch wäre, als Sklave zu sterben. Und soweit ich etwas dazu tun kann, möchte ich verhindern, daß ein Gegner von Eurem Rang durch eine Krankheit niedergestreckt wird. Deshalb hoffe ich, daß der heilige …«

»Genug, das reicht mir!« rief der König. »Vom Propheten will ich nichts hören. Es sei also. Ich werde den Arzt empfangen, ich werde mich seiner Kunst anvertrauen. Ich werde mir die Güte des Sultans zunutze machen, damit ich mich im Kampf mit ihm messen kann, wie er es vorschlägt. Er wird auf keinen Undankbaren treffen! Geht und holt diesen El Hakim!«

Baron de Vaux, der diesen unvermuteten Entschluß nur einem plötzlichen Fieberanfall zuschrieb, entgegnete: »Majestät! Habt Ihr aber auch bedacht, daß dieser Sultan nur ein Heide ist und daß Ihr sein eingeschworener Feind seid?«

»Ich will gesund werden und unseren Kampf beenden können. Es wäre wahrhaft ein Verbrechen, auf ein so gutes Angebot nicht einzugehen.«

»Vergebt, Majestät, aber es scheint mir doch angezeigt, erst abzuwarten, welche Wirkung die Arzneien auf Sir Kenneths Knappen haben. Wenn Ihr dies außer acht laßt, lauft Ihr Gefahr, wie ein Hund zu krepieren!«

»Ich habe nicht gewußt, daß Ihr Angst vorm Sterben habt, Sir Thomas!« bemerkte der König vorwurfsvoll.

»Ich habe lediglich Angst davor, wenn es um Euer Leben geht!«

»Einverstanden, Baron! Vergewissert Euch zuerst über die Wirkung der Arzneien. Das Mittel soll mich töten oder aber gesund machen, mehr verlange ich nicht! Ich habe es einfach satt, daliegen zu müssen und krank zu sein!«

Der Baron verließ das Zelt des Königs, um sogleich zum Lager des Knappen zu eilen. Der Gedanke, daß der König durch die Hand eines Heiden genesen könnte, ließ ihn nicht los und er holte sich geistlichen Rat beim Erzbischof von Tyros. Dieser hörte ihn aufmerksam an und schloß dann: »Der Wert eines Arztes hat weder mit seiner Kleidung noch mit seiner Herkunft etwas zu tun. Der Wert seiner Arzneien hängt einzig von seinem Wissen und von seiner Kunst ab.«

Diese Antwort beruhigte den Baron einigermaßen. Das einzige, was den

Erzbischof zaudern ließ, war die Glaubwürdigkeit des Sarazenen. Er verglich das Original des Beglaubigungsschreibens mit der Übersetzung. Auch er kam zu dem Schluß, daß es das beste war, wenn sie zuerst einmal nach dem Knappen sahen. Dort konnten sie dann mit eigenen Augen nachprüfen, ob der Sarazene wirklich ein so guter Arzt war, wie Sir Kenneth es behauptete.

Als sie beim Zelt des Leopardenritters angekommen waren, meinte der Erzbischof zum Baron gewandt: »Eines steht jedenfalls fest. Die Schotten versorgen ihre Untergebenen schlecht. Dieser Ritter ist ein unvergleichlicher Kämpfer. Und jetzt während der Waffenruhe hat man ihn mit einer wichtigen Mission betraut. Aber sein Knappe ... Du mein Gott! Das Los eines Hundes wäre dem seinen vorzuziehen. Meint Ihr nicht auch?«

»Der Leopardenritter hat für seinen Knappen getan, was er konnte. Aber er besitzt selbst nichts!« antwortete der Baron und schob sich vorsichtig durch den Zelteingang.

Der Erzbischof war mit prächtigen Kleidern angetan und in Begleitung eines Chorknaben gekommen, der ein Flabellum aus Straußenfedern trug. Er folgte dem Baron nur zögernd.

Drinnen sahen sie, daß Sir Kenneth zwar nicht anwesend war, daß aber der Knappe ruhig schlief und der Arzt neben dem Lager des Kranken saß, in der gleichen Haltung, wie vor Stunden, als der Baron ihn verlassen hatte.

Der Erzbischof trat vor den Arzt hin und erwartete dessen ehrerbietigen Gruß. El Hakim aber warf ihm nur einen flüchtigen Blick zu. Als der Priester ihn in arabischer Sprache anredete, antwortete er nur: »Der Friede sei mit Euch.«

»Ihr seid also der Arzt?« fragte der Erzbischof, der auf einen so kühlen Empfang nicht vorbereitet war. »Ich habe Euch einige Fragen zu stellen, bezüglich Eurer ärztlichen Kunst.«

»Wenn Ihr Euch nur ein wenig darauf verstündet, würdet Ihr wissen, daß man im Zimmer eines Kranken nicht spricht«, gab El Hakim leise zurück und erhob sich. Draußen verlangte dann der Erzbischof, daß El Hakim beweisen solle, was er könne.

»Ihr habt die Zusicherung von Saladin, dem Allmächtigen, der immer Wort hält, Freund und Feind gegenüber«, sagte El Hakim. »Was wollt Ihr noch?«

»Ich muß die volle Überzeugung haben«, fiel der Baron dazwischen. »Ansonsten werdet Ihr das Zelt des Königs niemals betreten!«

»Ich sehe schon, Ihr hütet Euch davor, mir verfängliche Fragen zu stellen«, spottete der Arzt. »Wie es Euch beliebt: Aber in kurzer Zeit werdet Ihr die Beweise haben, die Ihr fordert.«

El Hakim fiel auf die Knie, sprach ein Gebet in Richtung Mekka und ging dann den beiden Männern voran ins Zelt zurück. Er entnahm einem silbernen Kästchen einen stark duftenden Schwamm und hielt ihn dem schlafenden Knappen unter die Nase. Der wachte sofort auf und schaute erstaunt um sich.

»Nun könnt ihr mit eigenen Augen feststellen, daß er kein Fieber mehr hat. Er ist ganz ruhig, und auch sein Gedächtnis kehrt zurück. Seid ihr nun zufriedengestellt?«

»Das ist ja ein Wunder!« rief Baron de Vaux und fühlte den Puls des Knappen. »Schnell, El Hakim, kommt auf der Stelle mit mir ins Zelt des Königs!«

Der Arzt tauchte einen seidenen Beutel in eine Schale Wasser und gab dem

Knappen daraus zu trinken. Ehe der Genesende wieder einschlief, verlangte er noch nach seinem Herrn.

»Er hat einen Auftrag zu erfüllen und ist noch nicht zurückgekehrt«, sagte der Erzbischof. »Aber keineswegs«, fiel Sir Thomas dazwischen. »Der Leopardenritter ist bereits wieder im Lager!«

Zufrieden fiel der Knappe in einen tiefen Schlaf.

Der Baron, der Erzbischof und der Arzt ließen ihn nun allein im Zelt zurück. Der Erzbischof war der erste, der etwas sagte: »Da habt Ihr ja dem Kranken zuliebe schön gelogen, lieber Baron!«

»Aber keineswegs!« erwiderte der Baron. »Der Leopardenritter ist wirklich zurückgekehrt!«

»Warum habt Ihr mir das nicht schon früher gesagt?« fuhr ihn der Erzbischof wütend an. »Ich glaube, es schon getan zu haben«, verteidigte sich Baron de Vaux. »Ich habe sehr wohl gesagt, daß Sir Kenneth den Arzt ins Lager gebracht hat! Erlaubt mir eine Gegenfrage: Was ist denn daran so außergewöhnlich?«

»Es ist äußerst wichtig!« antwortete der Erzbischof. »Wäre mir bekannt gewesen, wo der Ritter ist, hätte ich die Sache doch überprüfen können!« Der Bursche, der vor dem Zelt Wache hielt, gab an, daß Sir Kenneth von einem Gefolgsmann zu König Richard geholt worden sei, der nach ihm verlangt habe. Besorgt schied der Erzbischof vom Baron, der ihm erstaunt nachsah. Dann zuckte er mit den Achseln und geleitete den Arzt zum Zelt des Königs.

9
IST EL HAKIM VERTRAUENSWÜRDIG?

Der Baron konnte den Zornausbruch des Erzbischofs nicht begreifen. Er fand es seltsam, daß er wegen einer so unbedeutenden Nachricht, wie es die von der Rückkehr des Leopardenritters war, so außer sich geraten konnte. Daß der Schotte ein guter Streiter war, wußte auch er, obwohl er ansonsten über kein allzu großes Urteilsvermögen verfügte. Der Baron wunderte sich zwar öfter über die eine oder andere Begebenheit, dachte dann aber nicht weiter darüber nach. Die Wut des Bischofs jedoch machte ihn stutzig. Planten die Mächtigen des christlichen Heerlagers etwas gegen seinen König?
Er wußte, daß die Verbündeten seines Herrn längst die Hoffnung aufgegeben hatten, Saladin zu besiegen, und daß König Richard bei ihnen nicht gerade den Ruf eines Heiligen genoß. Er war daher entschlossen, seinen Verdacht dem König mitzuteilen. Angesichts dieser Tatsachen, müßte der dann eine Entscheidung treffen. Der treue Baron konnte nicht ahnen, daß sein Herr weit mehr darüber wußte als er selbst. Sir Kenneth war nämlich beim König, und dieser ließ sich von ihm genauestens Bericht erstatten über alles, was ihm auf seiner Reise widerfahren war.

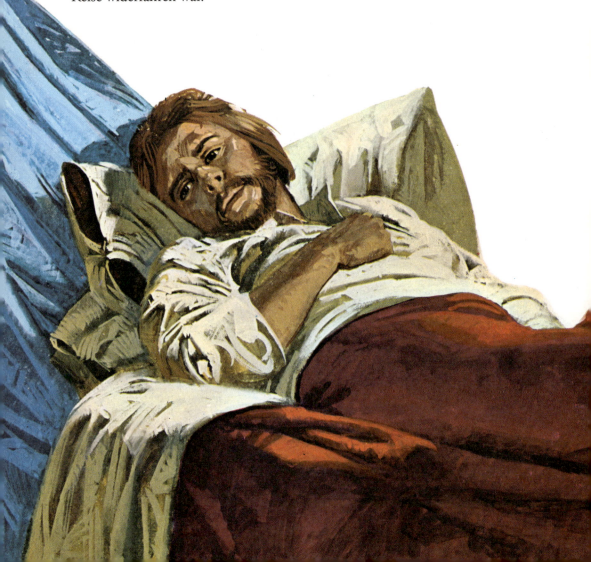

Gehorsam und ehrfurchtsvoll, aber ohne große Unterwürfigkeit, war der schottische Ritter ins Zelt des Königs getreten.

»Ihr seid also Sir Kenneth, der Leopardenritter!« sprach ihn der König an. »Wer hat Euch zum Ritter geschlagen?«

»König Wilhelm, der Löwe von Schottland!«

»Ein Schwert, das allerdings genügend Ruhm erfochten hat, um eine solche Ehre zu verleihen. Und ich behaupte auch nicht, daß Ihr diese Ehre nicht verdientet. Ich habe Euch im Kampf beobachtet, während der erbittertsten Schlachten. Das einzige, was mir nicht gefällt, ist Euer anmaßendes Benehmen! Darüber könnte ich fast vergessen, daß Ihr tapfer seid!«

Sir Kenneth wollte zornig auffahren, aber der strenge Blick des Königs und die Achtung, die er vor ihm hatte, hielten ihn zurück.

»Einzig Eurer Tapferkeit könnt Ihr es zuschreiben, wenn ich Euch vergebe, daß Ihr gegen mein ausdrückliches Verbot einen Jagdhund besitzt!« fuhr der König fort. Dabei schaute er dem schottischen Ritter fest in die Augen und konnte ein Lachen gerade noch unterdrücken, als er merkte, wie die Züge des Ritters sich merklich entspannten. Es ging also um nichts weiter als um seinen Hund!

Sir Kenneth faßte wieder Mut und erklärte dem König, daß er den Hund brauche, um sich und seinen Knappen mit Essen versorgen zu können. Und er bat den König auch gleich noch um die Erlaubnis, auch einen Falken halten zu dürfen.

»Gut«, sagte der König. »Behaltet also den Hund und verschafft Euch einen Falken und lassen wir das jetzt. Beantwortet mir lieber die Frage: Aus welchem Grund und auf wessen Befehl seid Ihr zum alten Theoderich in die Wüste geritten?«

»Ich folgte einem Befehl des Rates der Kreuzfahrer«, antwortete Sir Kenneth.

»Wer, außer mir, ist denn ermächtigt, einen solchen Auftrag zu erteilen?«

»Majestät, an mich dürft Ihr diese Frage nicht richten. Ich bin nur ein Kreuzritter und habe zu gehorchen. Würde ich auch nur einmal zögern, hätten die Fürsten kein Vertrauen mehr zu mir.«

»Da habt Ihr recht. Was war denn der Inhalt Eurer Botschaft?«

»Majestät, ich glaube, diese Frage solltet Ihr an die Mitglieder des Rates stellen. Sie allein könnten Euch Auskunft geben.«

»Ritter, keine Ausflüchte, es könnte Euch gereuen!«

»Es könnte mich gereuen? Majestät, seit ich auf diesem Kreuzzug bin, können Drohungen mich nicht mehr schrecken. Mein Leben wiegt nicht schwer im Vergleich zu dem Glück, das mich in der Ewigkeit erwartet.«

»Beim heiligen Georg! Ihr getraut Euch wahrhaftig viel!« sagte der König anerkennend. »Hört zu, Ritter. Ich mag die Schotten nicht ungern. Sie haben Mut und sie sind treu, auch wenn sie die Dinge manchmal anders sehen als wir. Ich habe viel für sie getan, und sie anerkennen das auch. Ihr müßt wissen, daß ich die alten Grenzen Schottlands wiederhergestellt habe. Und vor allem habe ich auf Rechte verzichtet, die ich hätte geltend machen können. Ich wollte freie und unabhängige Freunde gewinnen!«

»Das stimmt, Majestät! Und deshalb habe ich mich, wie viele andere Schotten auch, Eurer Fahne unterstellt.«

»Nach allem, was ich für Euer Vaterland getan habe, schottischer Ritter, müßt

Ihr doch zugeben, daß ich als Anführer des christlichen Lagers das Recht habe, die Pläne meiner Verbündeten zu kennen! Verheimlicht mir also nichts!«
»Majestät, ich werde Euch die ganze Wahrheit sagen. Ich hatte den Auftrag, über Vermittlung des unter Saladins persönlichem Schutz stehenden Einsiedlers, den Vorschlag zu unterbreiten …«
»Den Vorschlag zu unterbreiten, früher als vereinbart den Kampf wiederaufzunehmen!« vollendete der König ungeduldig.
»Nein, Majestät! Endgültig Frieden zu schließen und die Heere abzuziehen!«
»Mein Gott! Was immer ich auch bisher über meine Verbündeten gedacht haben mag, für solche Feiglinge hätte ich sie nicht gehalten! Wie könnt Ihr mir nur eine solche Nachricht überbringen!«
»Majestät, auf Treu und Glauben! Solange wir keinen Anführer haben, bleibt uns keine andere Wahl, wenn wir eine blutige Niederlage vermeiden wollen.«
»Und unter welchen Bedingungen beabsichtigen sie denn diesen ‚ehrenvollen' Frieden zu schließen?« fragte der König, der seinen Zorn nur schwer beherrschen konnte.
»Majestät, ich kenne die Bedingungen nicht. Ich habe dem Einsiedler lediglich ein Bündel versiegelter Briefe übergeben.«
»Wie denkt Ihr über den Einsiedler? Ist er verrückt oder ist er ein Heiliger?«
»Ich glaube, er spielt vor den Sarazenen den Verrückten, um sie zu täuschen. Denn er weiß, daß nach ihrem Glauben die Narren unter dem Schutz des Himmels stehen.«
»Und wie denkt Ihr über seine Art, Buße zu tun?«
»Sie scheint mir aufrichtig zu sein. Wahrscheinlich büßt er für irgendeine Sünde, die er begangen hat.«
»Und wie denkt ‚er' über die Lage des christlichen Heeres?«
»Ich glaube, daß auch er nicht mehr an eine Rückeroberung Palästinas glaubt. Um so mehr, als Ihr jetzt krank seid. Da müßte schon ein Wunder geschehen.«
»Sogar der Einsiedler ist schon ins Lager der anderen übergelaufen! Diese elenden Fürsten vergessen der Pflichten, die ihnen aus ihrer Stellung und aus ihrem christlichen Glauben erwachsen. Sie trampeln lieber auf dem Körper eines kranken Bundesgenossen herum, anstatt gegen die Sarazenen in den Krieg zu ziehen!«
Je länger der König sprach, desto mehr geriet er in Wut. Und es kümmerte ihn auch nicht, daß sein Fieber dabei anstieg.
Nach einer Weile fragte er: »Seid Ihr der Königin begegnet in der Wüste?«
»Majestät, ich habe nicht darauf geachtet«, sagte der Ritter ganz verwirrt, weil er sich plötzlich der Begegnung in der unterirdischen Kirche erinnerte.
»Ich habe Euch gefragt, ob Ihr in der Kirche der Karmelitinnen gewesen seid und ob Ihr dort Berengardis, die Königin von England, gesehen habt, die mit ihrem Gefolge eine Pilgerfahrt dorthin unternommen hat!« fragte der König streng.
»Majestät, ich will Euch alles ohne Umschweife erzählen. Der Einsiedler hat mich in eine unterirdische Kirche geführt. Ich habe dort viele verschleierte Frauen gesehen, aber, aufrichtig gesagt, ich weiß nicht, ob die Königin unter ihnen war.«
»Und Ihr habt auch keine von den anderen erkannt?«

Sir Kenneth schwieg.

»Ich habe Euch gefragt, ob Ihr keine von den Frauen erkannt habt?« wiederholte der König.

»Majestät, ich glaube, ich habe gedacht ...«

»Ja, ja, das weitere kann ich mir schon denken!« sagte der König ernst. »Sieh dich vor, junger Leopard! Komm' du nur den Pranken des Löwen nicht zu nah! Hör mir gut zu! Es ist schon verrückt genug, sich in den Mond zu verlieben, aber von einem Turm aus auf den Mond springen zu wollen, käme einem Selbstmord gleich!«

Da hörte man plötzlich großen Lärm vor dem Zelt des Königs. »Machen wir ein Ende, Ritter. Sucht Baron de Vaux und bringt ihn und den sarazenischen Arzt hierher. Aber macht schnell!«

Sir Kenneth hatte kaum das Zelt verlassen, als ein Gefolgsmann des Königs meldete, daß eine Abordnung des Rates der Kreuzritter eine Unterredung mit dem König wünsche.

»Ich bin beglückt, daß sie sich zumindest daran erinnern, daß es mich gibt!« sagte der König. »Wer sind denn diese ehrenwerten Ritter?«

»Der Großmeister der Templer und der Markgraf von Monferrat.«

»Unser französischer Bruder scheint die Nähe eines Kranken zu scheuen. Läge Philipp hier krank, wäre ich längst an sein Lager geeilt.«

Dann wandte sich der König an den Gefolgsmann: »Macht ein bißchen Ordnung, bringt mir den Spiegel dort und kämmt mich! Meine Haare sehen einer Löwenmähne ähnlicher als dem Haupthaar eines Christenmenschen. Bringt mir auch Wasser, und zwar schnell!«

»Majestät«, stotterte der Mann, »die Ärzte sagen, daß kaltes Wasser Euch schaden kann!«

»Der Teufel soll sie holen, diese Ärzte, die nicht imstande sind, mich gesund zu machen! Danach laßt dann die beiden achtbaren Ritter herein. Sie sollen nicht sagen können, daß Richard, seit er krank ist, nichts mehr auf sich hält!«

Als erster trat der Großmeister der Templer ein, groß und würdig, in einem wunderbaren weißen Gewand und richtete seinen harten

und durchdringenden Blick auf den König. Hinter seiner gefurchten Stirn ließen sich viele sorgsam gehütete, unergründliche Geheimnisse vermuten.

Des Markgrafen von Monferrats Gesicht war weniger abweisend, viel eher freundlich. Er war jung und ein schöner Mann. Und doch hieß es von ihm, daß er nur eigensüchtige Ziele verfolge, daß er, anstatt für die Befreiung des Heiligen Grabes in den Kampf zu ziehen, nur die Erweiterung seiner bereits bestehenden Besitzungen in Palästina und Syrien im Sinne habe.

Nach der gegenseitigen Begrüßung begann der Markgraf von Monferrat die Gründe ihrer Vorsprache darzulegen: »Wir kommen als Abgesandte der Fürsten des Rates und wir sind beauftragt, Euch zu bitten, Euer geheiligtes Leben nicht einem heidnischen Arzt anzuvertrauen, oder doch auf alle Fälle so lange damit zu warten, bis der Rat darüber getagt hat und zu einer Entscheidung gekommen ist.«

»Markgraf von Monferrat und Ihr, Großmeister, würdet Ihr wohl die Güte haben, Euch in den Nebenraum zu begeben, Ihr werdet dann selbst beurteilen können, wie viel Gewicht ich dem Wunsch meiner edlen Verbündeten beimesse!«

Dem Markgrafen und dem Großmeister blieb nichts anderes übrig, als sich zurückzuziehen. Wenig später betrat der sarazenische Arzt in Begleitung von Sir Kenneth und Baron de Vaux das Zelt. Der Baron gab noch einige Anordnungen, Sir Kenneth, der nicht allein beim König eintreten wollte, blieb einen Augenblick stehen. Diese Gelegenheit benützte der Großmeister, um den Arzt anzusprechen und ihn zu fragen, was ihm denn einfiele, seine Kunst ausgerechnet an einem so geheiligten Menschen wie dem Anführer des christlichen Heeres ausprobieren zu wollen.

»Allahs Sonne scheint für alle, und sein Diener hat nicht das Recht, Unterschiede zu machen«, antwortete El Hakim, sich ehrfürchtig verbeugend.

»Wißt Ihr auch, daß Ihr gevierteilt würdet, sollte der König infolge Eurer Behandlung sterben?«

»Diese Strafe wäre grausam; ich habe nur menschliche Mittel zur Verfügung, ihre Wirkung liegt allein in der Hand des Schicksals. Saladin hat mir aufgetragen, den König der Christen gesund zu machen, und mit der Hilfe des Propheten werde ich das meine dazu tun. Ich bitte Euch also, laßt mich keine Zeit mehr verlieren.«

»Wir dürfen wirklich keine Zeit mehr verlieren«, schaltete sich Baron de Vaux ein. »Ihr entschuldigt uns, Markgraf, und auch Ihr, Großmeister. Gehen wir sofort zu König Richard, wir haben schon allzu lange gezögert.«

»Wir begleiten Euch. Der König persönlich hat uns die Bewilligung erteilt!« sagte der Markgraf.

Der Baron besprach sich mit dem Gefolgsmann, erklärte ihm die Lage und sagte dann: »Gut, kommt mit, aber nur unter der Bedingung, daß Ihr nicht stört.« Dann wandte er sich höflich an den Arzt: »Bitte, El Hakim, tretet ein.«

»Das ist ja eine glanzvolle Versammlung«, rief der König, als sie nacheinander eintraten. »Alle Welt ist wohl begierig mitanzusehen, wie König Richard in die

ewige Finsternis stürzt. Meine edlen Waffengefährten, ich grüße euch als Vertreter des christlichen Heeres! König Richard wird wieder bei euch sein, kämpferischer als je zuvor, falls ihr ihn nicht schon bald zu Grabe tragen müßt. Baron de Vaux, Euch dank' ich für alles, was auch kommen mag. Und da hätte ich doch fast einen vergessen ... unseren schottischen Ritter, der ohne Leiter in den Himmel klettern will. Auch er ist mir willkommen. Aber nun, mein lieber Arzt, ans Werk!«

El Hakim wußte über die Krankheit des Königs schon einigermaßen Bescheid. Er fühlte ihm den Puls, alle schauten gespannt zu. Dann nahm er eine Schale Wasser und ließ einen silbrig schimmernden, seidenen Beutel hineinfallen. Er reichte den Trank dem König, der aber rief: »Laßt mich zuerst auch Euren Puls fühlen!«

Der Arzt hatte nichts dagegen.

»Sein Puls ist so regelmäßig wie der eines Kindes!« scherzte der König. »Wenn er mich vergiften wollte, ginge sein Puls wohl schneller, nicht wahr, Baron de Vaux! Deshalb: ob ich nun sterbe oder davonkomme, El Hakim darf dadurch nicht zu Schaden kommen. Meinen aufrichtigen Dank an Saladin!«

Dann richtete er sich auf und rief: »Auf den ewigen Ruhm des Kreuzritters, der als erster die Tore Jerusalems erreicht! Verdammnis allen Ungläubigen!« Damit leerte er die Schale in einem Zug, ehe er, am Ende seiner Kräfte, in seine Kissen zurücksank.

In die Totenstille hinein befahl der Arzt allen, nun den Raum zu verlassen. Nur Baron de Vaux als des Königs persönlicher Leibwächter durfte bleiben, und er und der Arzt wachten am Lager des Königs, der in tiefen Schlaf gesunken war.

10

WAS WILL DER GROSSMEISTER DER TEMPLER?

Der Markgraf von Monferrat und der Großmeister der Templer hatten das Zelt des Königs kaum verlassen, als ein Trupp von Bogenschützen aufzog, um jeden weiteren Zugang zu verwehren. »Das sind treue Leute!« bemerkte der Markgraf nicht ohne Eifersucht. »Richard ist beliebt bei seinen Leuten, weil er ihnen erlaubt, in ihrer freien Zeit alle möglichen Spiele zu machen; und vor allem ist er selbst stets der Beste dabei!«

»Ja, mit ihm zusammen bekommt alles einen Sinn«, brummte der Großmeister unmutig. »Habt Ihr diese Herausforderung gehört, ehe er die Schale zum Mund führte?«

»Wenn Saladin nicht anders ist als alle übrigen Heiden, dann war das vermutlich seine letzte. Aber um ganz offen zu reden, wie denkt Ihr denn über diesen Kreuzzug?«

»Ich will Euch mit einem Vergleich antworten: Es war einmal ein Bauer, der beklagte sich, daß es zu wenig regne. Um ihn zu bestrafen, ließ Allah den Euphrat über die Ufer treten, und das Wasser riß die Felder mit sich fort. Der Bauer war erhört worden, aber das Wasser verschlang ihn mitsamt seinem Besitz. Diese Art von Mißgeschick kann auch uns treffen, wenn wir uns gar zu eigensinnig auf unser Ziel versteifen! Natürlich ist es auch möglich, daß es den Kreuzrittern gelingt, das Kreuz auf den Mauern Jerusalems aufzurichten. Dann könnte Konrad von Monferrat König von Jerusalem werden ...«

»Wollt Ihr meine Meinung dazu hören? Im Fall eines Sieges würden einzig die mächtigen Fürsten ihren Vorteil daraus ziehen. Leute wie Ihr oder ich, gingen leer dabei aus!«

»Mein lieber Markgraf, es gibt wenige im Lager, die so offen ihre Meinung sagen wie Ihr. Ich merke wohl, daß Euch die Einnahme von Jerusalem kaum sehr am Herzen liegt. Bleibt nur abzuwarten, wie König Philipp und der Herzog von Österreich darüber denken.«

»Der König von Frankreich ist gescheit und mutig, aber er ist auf Richard eifersüchtig.«

»Und der Herzog von Österreich?«

»Ach der dumme Tropf! Der denkt genauso. Der kann den König von England nicht ausstehen und würde sich bei der erstbesten Gelegenheit gegen ihn wenden.«

»Sagt mir ganz offen, lieber Markgraf, warum habt Ihr diesen schottischen Ritter damit beauftragt, dem Einsiedler unsere Botschaft zu überbringen?«

»Vorerst, weil ich überzeugt war, daß Saladin solch einen Ritter nicht abweisen würde. Und dann, weil ich dachte, daß es ihm als Schotten nicht leicht fallen würde, in des Königs Nähe zu gelangen.«

»Aber seht doch, was sich eben zugetragen hat! Der Bote, den Ihr mit so viel Umsicht ausgewählt habt, kommt mit einem Arzt zurück, der Richard wieder gesund macht, damit dieser den Kampf fortsetzen kann!«

»Beruhigt Euch! Bis zur völligen Genesung Richards bleibt uns noch genügend

Zeit, um den Bruch zwischen dem König von Frankreich und ihm herbeizuführen. Oder noch besser, den Bruch zwischen dem Herzog von Österreich und ihm.«

»Und wenn er … wer weiß … am Ende gar nicht genesen sollte?« raunte ihm der Großmeister zu.

»Was sagt Ihr da?« rief der Markgraf entrüstet. »Ihr sprecht immerhin vom König von England, dem Anführer des Kreuzritterheeres!« Seine schlauen Augen maßen den Großmeister der Templer voll Zorn und Mißtrauen. »Schon gut, schon gut«, beschwichtigte ihn der Großmeister. »Wenn das Eure Meinung ist, brauchen wir nicht mehr darüber zu sprechen.«

Beleidigt entfernte sich der Templer, und der Markgraf überlegte, was er da eben gehört hatte. Mochte einer noch so sehr zu allem entschlossen sein, aber das überstieg die Grenzen! Er warf einen Blick auf die englische Fahne, die auf dem Sankt-Georgs-Hügel mitten im Lager wehte. Er ging entschlossenen Schrittes zu seinem Zelt. Er wußte, was zu geschehen hatte und sagte zu sich selbst: »Morgen werde ich beim Herzog von Österreich speisen. Dabei wird sich zeigen, was zu tun ist.«

Der grausame Vorschlag des Großmeisters hatte ihn zutiefst erschüttert.

11

DER HERZOG VON ÖSTERREICH UND DER LEOPARDENRITTER TREFFEN AUFEINANDER

Herzog Leopold von Österreich herrschte über ein blühendes, reiches Land an der Donau. Er war sehr von sich eingenommen, und in seiner Erscheinung spiegelte sich sein unkriegerischer Charakter deutlich wider. Er war groß, athletisch gewachsen, hatte ein vorteilhaftes Äußeres, aber sein nachlässiger Gang verriet sofort das geringe Interesse, das er dem Unternehmen entgegenbrachte. Die prunkvollen Kleider, die er trug, wirkten an ihm keineswegs respekteinflößend und schienen für jemand anders gemacht zu sein.

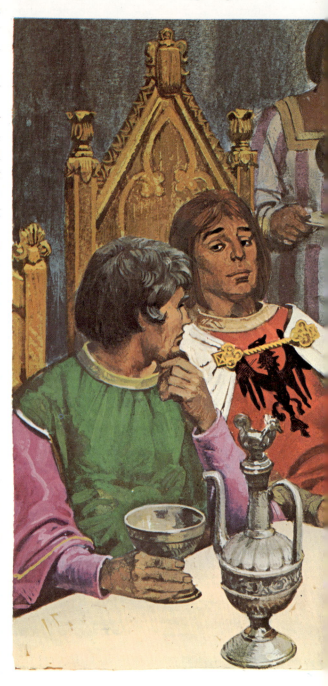

Als er zum Kreuzfahrerheer gestoßen war, hatte er auf die Freundschaft von König Richard gezählt. Die Rechnung war nicht aufgegangen. Der König von England fand, daß der Herzog nicht tapfer genug sei, um seine Wertschätzung zu verdienen, und er verabscheute vor allem seine großen Gastereien, bei denen die seltensten Weine im Übermaß getrunken wurden.

So schlug Leopolds vergebliches Bemühen um Richards Freundschaft bald in tiefen Haß gegen diesen um.

Philipp von Frankreich wußte sehr wohl um diese gegenseitige Abneigung, und er tat alles, um sie noch zu vertiefen.

So standen also die Dinge, als der Markgraf von Monferrat sich entschloß, den Haß des Herzogs von Österreich auszunützen und mit seiner Hilfe das Bündnis zwischen den Anführern des Kreuzfahrerheeres zu zerbrechen oder doch zumindest zu erschüttern. Um die Mittagsstunde begab er sich zu Herzog Leopold, der ihn sofort einlud, bei ihm zu speisen.

Die Tafel war reich gedeckt, Speisen und Weine waren einer königlichen Tafel würdig, wenn auch die französischen und die englischen Köche die Speisen noch schmackhafter zubereiteten. Besonders befremdlich war das große Spektakel rund um die Tafel. Da liefen Diener im Zelt ein und aus, redeten ganz ungeniert miteinander und teilten untereinander auf, was von den Speisen übrigblieb.

Der Markgraf fühlte sich belästigt durch dieses seltsame Benehmen, ließ sich aber nichts anmerken. Er tat sogar, als gefielen ihm die Scherze der Gaukler und Spielleute ebenso gut wie dem wohlbeleibten Herzog. In Wirklichkeit wartete er nur auf eine günstige Gelegenheit, um seinen Plan in die Tat umsetzen

zu können. Als einer der Gaukler sich zur großen Freude der Geladenen über den König von England lustig machte, hielt er den Zeitpunkt für gekommen.

»Herzog Leopold«, rief er, »findet Ihr es eigentlich gerecht, daß der König von England allen Ruhm und alle Ehre unseres gemeinsamen Unternehmens für sich allein in Anspruch nimmt?« Und er schrie zu den Spielleuten hin: »Kann einer von euch ein Loblied auf unseren erlauchten Gastgeber, den Herzog von Österreich, singen?«

Alle zeigten auf einen Spielmann, und der besang nun Herzog Leopold als den tapfersten aller Kreuzritter. Zum Schluß rühmte er noch den Adler, das Wappentier des Österreichers.

»Kein Lebewesen kommt der Sonne näher als der Adler!« sagte der Herzog.

»Ja, aber der Löwe versucht noch höher zu fliegen!« reizte ihn der Markgraf.

Grün vor Ärger drehte der Herzog sich zu ihm und sagte: »Was? Ein Löwe, der fliegt? Der Löwe hat doch keine Flügel!«

»Ich dachte nur an den König von England«, antwortete der Markgraf teilnahmslos. »Dieser Löwe will alle beherrschen, und weh' dem, der sich nicht unterwirft!«

»Glaubt Ihr das, was Ihr da sagt?« drohte der Herzog, bei dem der Wein bereits seine Wirkung tat. »Richard möchte wirklich seine Verbündeten beherrschen?«

»Mein Gott, der Gedanke ist mir gekommen, weil nur die englische Fahne über dem Lager weht, als ob Richard der Anführer aller christlichen Heere wäre.«

»Und Ihr, Markgraf, Ihr nehmt diese Schmach hin, könnt darüber so ruhig reden?«

»Ein bescheidener Markgraf kann sich schwerlich über eine Beleidigung aufregen, die ein Philipp von Frankreich und ein Leopold von Österreich ohne Wimperzucken hinnehmen!«

Der Herzog schlug mit der Faust auf den Tisch: »Ich habe Philipp schon oft davor gewarnt! Habe ihm immer wieder gesagt, daß wir uns die Herausforderungen dieses Königs nicht gefallen lassen dürfen! Philipp hat jedes Mal geantwortet, daß es noch zu früh sei, um mit den Engländern zu brechen.«

»Ja freilich! König Philipps kluge Vorsicht ist nur zu bekannt. Aber Ihr, Herzog, Ihr müßt triftige Gründe haben, wenn Ihr Euch der englischen Vorherrschaft unterwerft!«

»Ich mich unterwerfen?« brüllte Leopold los. »Ich, der Herzog von Österreich? Ich, einer der Großen des Heiligen Römischen Reiches?« Er war aufgesprungen. »Das Lager, die ganze Christenheit soll sehen, wie ich mich von diesem Verdacht reinwasche! Auf, folgt mir alle nach! Hissen wir sofort unsere Fahne, pflanzen wir den Adler Österreichs dort auf, wo er über allen anderen Fahnen wehen wird!«

Nach diesem leidenschaftlichen Ausbruch verließ er wütend das Zelt und ergriff seine Fahne. Der Markgraf tat, als wolle er ihn zurückhalten, aber der Herzog stürmte fort. Seine Freunde folgten ihm, und gemeinsam langten sie oben auf dem Hügel an, wo die englische Fahne an ihrer Stange flatterte. Leopold ergriff sie mit der Faust und traf Anstalten, an ihrer Stelle die österreichische aufzupflanzen. Der Spielmann, der besonnener war als sein Herr, versuchte sein Möglichstes, um den Herzog von seinem Vorhaben abzubringen: »Herr, ich flehe Euch an, nehmt Euch in acht! Der Löwe hat scharfe Zähne!«

»Und der Adler hat Fänge!« gab der Herzog zurück, während er noch immer die Stange umklammert hielt. Doch zögerte er, die englische Fahne tatsächlich auf den Boden zu werfen.

»Der Adler ist der König der Lüfte, der Löwe der Herr der Erde«, redete der Spielmann tapfer weiter. »Ein jeder hat sein Reich. Warum sollten nicht beide Fahnen gleichzeitig hier oben wehen?«

Leopold ließ die Stange los und warf einen Blick in die Runde. Er hatte gedacht, daß der Markgraf von Monferrat ihn anfeuern werde, aber der hatte sich aus dem Staub gemacht. So begann sein Groll zu schwinden. Er beteuerte, daß er keine Streitereien wolle unter den Kreuzfahrern, daß er aber Wert darauf lege, gegenüber Richard von England als ebenbürtig angesehen zu werden. Dann pflanzte er seine Fahne neben der englischen auf und ließ ein Faß Wein heranschaffen, um das Ereignis gebührend zu feiern.

Darüber war viel Zeit vergangen und die Stunde gekommen, da der Arzt es für richtig hielt, den König wieder zu wecken. Er nahm einen Schwamm, der mit einer duftenden Flüssigkeit getränkt war, hielt ihn dem Schlafenden unter die Nase und fühlte gleichzeitig seinen Puls. Zufrieden stellte er fest, daß das Fieber gesunken war. Da des Königs körperliche Verfassung ausgezeichnet war, hielt der Arzt eine Wiederholung der Behandlung, wie sie sich bei Sir Kenneths Knappen als notwendig erwiesen hatte, für überflüssig.

Der König erwachte, öffnete die Augen, richtete sich auf, schaute um sich und erklärte glückstrahlend, daß er sich ganz gesund fühle. Er wandte sich zu Baron de Vaux und befahl ihm, alles Gold aus seiner Truhe zu holen und es dem Arzt zu überreichen. Sollte es nicht genug sein, wolle er gerne noch Schmuck dazulegen.

Doch der Arzt wehrte ab und sagte: »Allah hat mir die Kunst geschenkt. Ich kann sie nicht verkaufen. Nähme ich dafür irgendeine Belohnung an, verlöre das Wundermittel seine Kraft.«

Diese Antwort bewegte König Richard zutiefst. »Sir Thomas«, rief er aus. »Für Euch zählen nur Waffentaten. Aber ich schwöre Euch, jeder Ritter könnte sich diesen Arzt zum Vorbild nehmen.«

»Eine schönere Belohnung als dieses Lob hätte ich mir nicht erträumen können«, versicherte El Hakim. Er kreuzte in ehrfurchtvoller Haltung die Arme über der Brust. »Ich verlange jedoch von Euch, edler Herrscher, daß Ihr meinem Rat folgt und erst dann aufsteht, wenn Ihr wieder zu Kräften gekommen seid.«

»Ich werde gehorchen, El Hakim, und doch fühle ich mich so gut, daß ich Lust verspüre, ohne Zögern den Kampf wiederaufzunehmen! – Aber horcht! Was soll denn das Geschrei, was soll die Musik da draußen? Sir Thomas, seht doch nach!«

»Das ist der Herzog von Österreich«, erklärte der Baron, als er wieder ins Zelt kam. »Er hat sich betrunken und feiert mit seinen Freunden.«

»So ein Saufbold! Kann er nicht in seinem Zelt bleiben mit seinen Trinkgelagen?« empörte sich der König. »Und Ihr, Markgraf von Monferrat, welche Nachricht bringt Ihr mir denn?« rief er dem eben eintretenden Markgrafen entgegen.

Baron de Vaux machte dem Markgrafen hinter des Königs Rücken vergeblich Zeichen, doch nichts von dem zu erzählen, was sich im Lager in Wirklichkeit abspielte. Konrad von Monferrat tat, als verstünde er nicht und antwortete dienstbeflissen: »Es ist mir ganz unbegreiflich, was dem Herzog von Österreich eingefallen ist. Er weiß offenbar selbst nicht, was er tut. Er ist auf den Sankt-Georgs-Hügel gestürmt, um die englische Fahne zu zerreißen und dann seine eigenen Farben dort aufzupflanzen.«

»Was?« brüllte der König so laut, daß alle Umstehenden zusammenfuhren.

»Aber Majestät, ich bitte Euch, schenkt doch so einem armen Tropf keine Beachtung!« fügte der Markgraf noch hinzu.

»Verschwindet! Daß niemand versucht, mich zurückzuhalten! Auch Ihr nicht, El Hakim! Ruhe!« Im Nu war er in seinen Kleidern, ergriff sein Schwert und stürmte aus dem Zelt.

Der Markgraf spielte den völlig Fassungslosen und hob die Arme zum Himmel. Baron de Vaux schickte einen Knappen zu Lord Salisbury mit dem Befehl, seine Leute sofort zum Sankt-Georgs-Hügel ausrücken zu lassen.

Dieser übereilte Befehl führte im englischen Lager zu regelrechten Kriegsvorbe-

reitungen. Die Mannen Richards fragten sich, was nur geschehen sein mochte. Einige sagten, die Sarazenen hätten das Lager überfallen, andere behaupteten, der König sei an einem neuerlichen Fieberanfall gestorben, die meisten aber vertraten die Meinung, daß Herzog Leopold von Österreich Richard Löwenherz getötet habe. Die Gefolgsleute des Königs hatten alle Mühe, die Ordnung aufrechtzuerhalten, während die englischen Trommler ununterbrochen die Trommeln rührten.

Die Aufregung breitete sich im ganzen Lager aus, Mannen aus aller Herren Länder eilten zum Sankt-Georgs-Hügel hin. Einzig Lord Salisburys Leute kamen in geordnetem Zug, bereit, für den König von England zu streiten.

Richard ließ sich von dem Tumult ringsum nicht beeindrucken, schwang sein Schwert und stürmte zum Sankt-Georgs-Hügel. Baron de Vaux und zwei

Getreue folgten ihm auf den Fersen, und der Leopardenritter schloß sich ihnen an, weil er glaubte, daß dem König ein Unglück zugestoßen sei.

Als König Richard beim Hügel anlangte, tranken dort die Österreicher gerade auf die Gesundheit ihres Herzogs. Sie feierten seine Tat als große Ehre für das ganze Land. Andere standen im Kreis herum, manche, um auf König Richard zu trinken, aber die meisten nur aus Neugierde. Herzog Leopold stand mitten unter seinen lärmenden Leuten und war stolz auf seinen üblen Streich.

Richard Löwenherz bahnte sich einen Weg durch die Menge. »Wer hat sich die Unverschämtheit herausgenommen, diesen Lumpen da neben der englischen Fahne aufzupflanzen?« fragte er eisig und packte dabei die österreichische Fahne.

Herzog Leopold fehlte es nicht an Mut, Rede und Antwort zu stehen. Aber die Frage König Richards kam so unvermutet, daß er sie ein zweites Mal stellen mußte, ehe der Herzog endlich antwortete: »Ich, Leopold von Österreich!«

»Nun, Leopold von Österreich, dann seht her, wieviel sich der König von England aus Eurer Fahne und aus Euren Prahlereien macht!«

Damit riß er die Stange aus dem Boden, brach sie in Stücke, warf das Fahnentuch auf den Boden und trampelte darauf herum.

»Seht ihr wohl, wie ich sie mit Füßen trete, eure österreichische Fahne? Ist einer unter euch Rittern, der ihre Ehre verteidigen will?«

Es folgte eine große Stille. Dann, plötzlich, nahmen gleich mehrere Ritter die Herausforderung an und schrien gemeinsam mit dem Herzog: »Ich! Ich!«

»Auf was warten wir noch?« schrie der Kuenringer, ein hünenhaft gebauter Ritter. »Kommt, Brüder, dieser Kerl hat die Ehre unseres Landes mit Füßen getreten! Rächen wir diese Schmach! Nieder mit dem englischen Hochmut!«

Noch während er schrie, hatte er sein Schwert gezogen und führte damit einen gewaltigen Streich gegen König Richard. Er hätte den König tödlich getroffen, wäre nicht der Leopardenritter vorgesprungen, um den Streich mit seinem Schild abzuwehren.

Die Stimme König Richards übertönte den Tumult: »Ich habe geschworen, keinen zu töten, der das geheiligte Zeichen des Kreuzes trägt. Ich schone Euer Leben, Kuenringer, aber erinnert Euch stets an Richard von England!«

Damit packte er den riesigen Mann beim Gürtel und schleuderte ihn mit seiner ganzen Körperkraft wie ein Geschoß mitten in die Umstehenden. Mit gebrochener Schulter blieb der Riese am Boden liegen.

Vor solcher Kraft zerschmolz des Österreichers Kühnheit wie Schnee in der Sonne, und auch aus seinem Gefolge wagte niemand mehr, die Herausforderung König Richards anzunehmen. Die Männer, die in Richards unmittelbarer Nähe standen, fürchteten

wohl um ihr Leben und riefen laut: »Frieden! Um des Kreuzes und um unseres Glaubens willen, macht Frieden!«

Während dieses ängstlichen Geschreis sah Richard mit wild leuchtenden Augen in die Menge und trat weiter die österreichische Fahne mit Füßen. Baron de Vaux und der Leopardenritter hielten sich an seiner Seite, um sich jederzeit schützend vor ihn werfen zu können.

Lord Salisburys Leute standen bereit und warteten auf den Befehl zum Eingreifen.

Just in diesem Augenblick erschien der französische König mit einigen Leuten seines Gefolges. Er zeigte sich aufs höchste erstaunt, als er König Richard in drohender Haltung vor dem Herzog von Österreich stehen sah. Er war überzeugt gewesen, daß der König krank in seinem Zelt liege. Philipp von Frankreich war ein vorsichtiger und kluger Mann. Sein Mut war allseits bekannt, aber er zog die Politik dem Kriege vor. In Friedenszeiten hätte er gewiß mehr Anhänger als der König von England um sich scharen können, aber hier bei den Kreuzfahrern kam seine Vorsicht nicht an. Da es ihn ärgerte, geringer als Richard geachtet zu werden, ergriff er jede sich bietende Gelegenheit, um seine Klugheit ins rechte Licht zu setzen.

»Was soll dieser Streit zwischen Verbündeten? Ihr, Richard von England, und Ihr, Leopold von Österreich? Der Heerführer und sein bester Mitstreiter?« fragte Philipp erstaunt.

»Laßt dieses Machtgehabe, Philipp!« schrie Richard. »Der beste Mitstreiter, von dem Ihr da redet, ist unverschämt geworden und ich habe ihn wieder an seinen Platz verwiesen, das ist alles!«

»Majestät«, beklagte sich Leopold. »Vor Euch und vor allen Anführern des Kreuzzuges erhebe ich Klage wegen der Demütigung, die mir angetan worden ist! Der König von England hat meine Fahne entfernt und mit Füßen getreten!«

»Er hat die Kühnheit gehabt, sie auf gleicher Höhe mit der meinen wehen zu lassen!«

»Dank meines Ranges habe ich die gleichen Rechte wie Ihr!«

»Sagt das noch einmal und es ergeht Euch nicht besser als diesem gestickten Lumpen da!«

»Gemach, gemach, Richard!« sagte Philipp. »Ich möchte dem Herzog gern beweisen, daß er in diesem Fall unrecht hat.«

Dann wandte er sich an Leopold und fuhr fort: »Edler Fürst! Glaubt ja nicht, daß wir uns geringer als Richard fühlen, weil nur seine Fahne über dem Lager weht! Ich und die anderen Heerführer, wir haben darin immer nur ein Zeichen der Anerkennung für seine Tapferkeit gesehen und nicht mehr. Ich zähle darauf, daß Ihr Euer Bedauern wegen Eures Übergriffes zum Ausdruck bringt. Der König von England wird Euch gewiß volle Genugtuung leisten.«

Der Herzog jedoch wollte die Sache vor den Rat bringen. Philipp erklärte sich einverstanden, um den Konflikt gleich im Keim zu ersticken.

Richard aber verweigerte seine Zustimmung. Er erklärte, daß er keines Rates bedürfe, um die Ehre Englands zu verteidigen, und daß er jede andere Fahne auch nicht besser behandeln werde, sollte jemand sie neben der seinen aufpflanzen.

Auf diese beinahe schon beleidigende Herausforderung antwortete Philipp ohne jede Erregung: »Ich bin nicht hergekommen, um neuen Streit zu entfachen. Trennen wir uns als gute Freunde und zanken wir uns lieber darum, wer der erste sein wird, der die Heiden angreift!«

»Den Vorschlag nehme ich an, Philipp!« rief Richard und schlug dem französischen König begeistert auf die Schulter. »Könnten wir uns nur bald um diese Ehre streiten!«

»Ich hoffe, daß der Herzog unsere Begeisterung teilt«, sagte Philipp lachend.

Aber Leopold erklärte aufgebracht, daß er gegen eine Aussöhnung sei.

»Mit Narren will ich nichts zu tun haben!« warf Richard hin, und Leopold entfernte sich wütend und mit gesenktem Kopf. Richard entschied, daß seine Fahne nicht mehr unbewacht bleiben dürfe, er fürchtete, die Österreicher könnten in der Nacht noch einmal zum Hügel kommen. Er bestellte den Baron als Fahnenwache. Der aber wandte dagegen ein, daß des Königs Gesundheit wichtiger sei und er ihn jetzt sofort in sein Zelt zurückgeleiten wolle.

Da wandte sich der König an Sir Kenneth: »Tapferer schottischer Ritter! Ich möchte Euch dafür belohnen, daß Ihr mir das Leben gerettet habt. Hier weht die Fahne Englands! Schützt sie gegen jeden Übergriff und vor jeder Verhöhnung. Gebt ein Hornsignal, solltet Ihr je von mehr als drei Männern zugleich angegriffen werden.«

Voll Stolz nahm Sir Kenneth diesen Auftrag an.

Der König von Frankreich und der König von England gingen im besten Einvernehmen auseinander.

Die Kreuzfahrer waren in Gruppen wieder zu ihren Zelten gegangen und hatten den Lagerplatz so menschenleer zurückgelassen, wie er vor dem durch die Österreicher verursachten Auflauf gewesen war. Alle besprachen die Ereignisse. Einige gaben König Richard recht, aber die Mehrheit stand auf der Seite des Herzogs von Österreich.

Der Plan, den der Markgraf von Monferrat ausgeheckt hatte, war also voll aufgegangen. Es war ihm gelungen, die Spannungen innerhalb des Kreuzfahrerlagers zu vergrößern.

12

SIR KENNETH GERÄT IN EINEN ZWIESPALT

Es war Mitternacht und der Mond leuchtete hoch am Himmel. Als einsamer Wächter stand der Leopardenritter auf dem Sankt-Georgs-Hügel neben der englischen Fahne und hielt Wache. Sein Jagdhund hatte sich am Fuß der Stange hingelegt, bereit, beim geringsten Lärm anzuschlagen und seinen Herrn zu warnen.

Die Nacht schritt voran, ohne daß sich etwas ereignete. Dann plötzlich begann der Hund wild zu bellen. »Wer da?« schrie Sir Kenneth, der sicher war, daß da jemand im Dunkel umherschlich.

»Im Namen des Zauberers Merlin«, krächzte eine unangenehme Stimme, »bindet dieser Teufelsbestie die vier Pfoten zusammen, damit ich näher kommen kann.«

»Wer seid Ihr denn, daß Ihr näher kommen wollt? Nehmt Euch in acht, es könnte Euch das Leben kosten!«

Sir Kenneth schwang bereits die Lanze, um zuzustoßen, da tauchte aus der Dunkelheit ein mißgestaltetes, seltsam gekleidetes Wesen auf. Es war der Zwerg, dem er schon bei Theoderich begegnet war. Sir Kenneth rief den Hund zurück, und der Zwerg kam den Hügel heraufgewackelt.

Als er endlich auf gleicher Höhe war, rief er beleidigt: »Ritter, warum behandelt Ihr Nectabamus nicht mit der ihm gebührenden Hochachtung? Habt Ihr mich denn nicht erkannt?«

»Wahrhaftig, Nectabamus, ich habe Euch nicht erkannt«, antwortete der Ritter. »Aber da ich heute nacht Schildwache stehe, dürfte ich auf keinen Fall meinen Platz verlassen oder die Lanze zur Seite stellen, nicht einmal, um eine so hochgestellte Persönlichkeit zu begrüßen, wie Ihr es seid!«

»Meinetwegen!« sagte der Zwerg. »Aber jetzt folgt mir hin zu jenem Zelt, von wo ich ausgeschickt bin, Euch zu holen!«

»Ich kann nicht mit Euch gehen, Nectabamus. Ich

habe Befehl, diese Fahne bis zum Morgen zu bewachen!« antwortete Sir Kenneth und begann auf und ab zu gehen.

»Hört mich an, Ritter«, sagte der Zwerg und stellte sich vor den Schotten, als wolle er ihn aufhalten. »Begleitet mich, ich bitte Euch im Namen jener, die ebenso schön wie vornehm ist.« Und während er so sprach, ließ er Sir Kenneth einen wunderbaren Rubinring in die hohle Hand gleiten. Es war der Ring, den Lady Edith stets am Finger trug.

»Wagt Ihr auch jetzt noch zu antworten, daß Ihr Euch weigert, mich zu begleiten?« bohrte der Zwerg.

»Bei allem, was Euch heilig ist, Nectabamus, wem gehört dieser Ring? Antwortet!« stieß der Ritter hervor.

»Was wollt Ihr denn noch wissen? Ihr tätet besser daran, mir zu folgen. Eine Prinzessin wünscht es.«

»Lieber Nectabamus, hört mich an!« beschwor der Ritter den Zwerg. »Diese Prinzessin weiß vielleicht nicht, daß ich heute nacht einen Auftrag zu erfüllen habe. Und sie weiß daher auch nicht, daß ich die Ehre habe, diese Fahne bis zum Morgen zu bewachen. Wüßte sie es, würde sie niemals verlangen, daß ich diesen Platz verlasse. Auch nicht, um sie zu sehen.«

»Ach, so steht es also. Nun, mir kann es gleich sein, wie ihr Euch dieser hochgestellten Dame gegenüber benehmt! Dann also, lebt wohl!« Und damit wandte sich der Zwerg zum Gehen.

»Wartet noch!« rief Sir Kenneth. »Ist das Zelt ganz in der Nähe?«

»Ist das von Bedeutung? Zählt ein treu ergebener Ritter die Schritte, die er laufen muß, gerade wie ein elender Stafettenläufer, der je nach der zurückgelegten Entfernung bezahlt wird? Die Dame, die mir diesen Ring übergeben hat, wohnt einen Pfeilschuß weit von hier.«

»Und … wird sie mich lange zurückhalten?« Sir Kenneth war unbehaglich zumute.

»Wie könnt Ihr denn die Zeit messen wollen?« entrüstete sich der Zwerg. »Wißt Ihr denn nicht, daß ein echter Ritter weder vor Gott noch vor der Dame seines Herzens seine Zeit bemißt?«

»Doch, aber kann sie sich nicht bis zum Morgengrauen gedulden?«

»Die Dame bittet Euch, sofort zu kommen, zaudernder und mißtrauischer Ritter. Dies sind ihre Worte: ‚Sagt ihm, daß die Hand, die Rosen streute, auch Lorbeer zu verteilen hat.'« Diese Anspielung weckte in ihm tausend süße Erinnerungen an die Begegnung in der unterirdischen Kirche beim verehrungswürdigen Theoderich. Er konnte sich diese Gelegenheit eines Wiedersehens nicht entgehen lassen! Schließlich war er nicht König Richards Untertan! Er war lediglich als freier, unabhängiger Ritter nach Palästina gekommen, um die heili-

gen Stätten zu verteidigen und im Ernstfall sie, der sein Herz gehörte, zu beschützen.
Der Zwerg drängte ihn inzwischen, ihm entweder den Ring wiederzugeben oder aber mitzukommen.«
»Sagt mir doch wenigstens, ob es weit ist von hier?«
»Wenn Ihr es unbedingt wissen wollt, dort drüben, das Zelt ist es. Kommt und laßt Euch nicht länger bitten!«
»Ich muß nur sofort wieder hierher zurückkehren«, dachte Sir Kenneth und zögerte noch. In seiner Verwirrung erfaßte er die schweren Folgen einer solchen Entscheidung nicht mehr. »Sollte sich jemand der Fahne nähern, kann ich aus dieser Entfernung den Hund bellen hören. Ich werde mich der Prinzessin zu Füßen werfen und sie bitten, mich gleich wieder ziehen zu lassen, damit ich meiner Pflicht nachkommen kann.«
Er rief seinen Hund: »Roswal, her zu mir! Gib acht, und laß niemanden an die Fahne heran!«
Beim Zelt angelangt, hob Nectabamus die Zeltbahn, die den Eingang verdeckte, und bedeutete dem Ritter einzutreten. Sir Kenneth zögerte, denn er fand es nicht gehörig, so ohne weitere Ankündigung in die Räume einzudringen. Als er endlich doch den Kopf beugte und eintrat, flüsterte der Zwerg ihm ins Ohr: »Wartet, bis wir Euch rufen.«

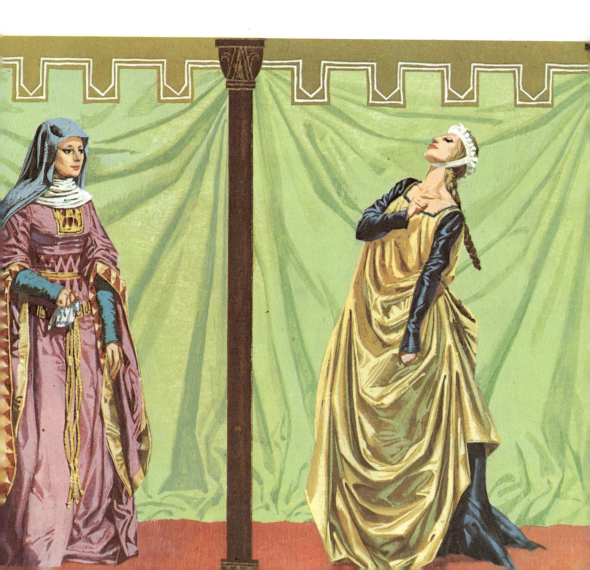

13

LADY EDITH UND DIE KÖNIGIN

Der Leopardenritter befand sich ganz allein mitten in dem dunklen und stillen Raum des Zeltes. Es war schon einige Zeit vergangen und noch immer hatte er niemanden zu Gesicht bekommen. Langsam wurde ihm bewußt, wie wenig Standhaftigkeit er bewiesen hatte; aber sollte er jetzt wieder gehen, ohne Prinzessin Edith gesehen zu haben? Er hatte seine Pflicht als Ritter verletzt, aber er wußte sehr genau, warum.

Plötzlich hörte er in so unmittelbarer Nähe Flüstern von Frauenstimmen und unterdrücktes Lachen, daß er es nicht verhindern konnte zu horchen. Er merkte, daß über ihn gesprochen wurde: »Oh, Nectabamus, dafür, daß du so viel Geschick bewiesen hast und es dir gelungen ist, den Ritter bis hierher zu bringen, ernenne ich dich gleich noch einmal zu meinem Botschafter!« kicherte eine junge Stimme.

Sir Kenneth erkannte sie sofort: es war die Stimme von Königin Berengardis, der Gemahlin des Königs von England.

»Majestät, hört mich an«, sagte eine andere Stimme. »Ich werde Nectabamus' Frau beauftragen, daß sie ihn wieder zurück an seinen Posten schickt, diesen

dreisten Ritter, der doch tatsächlich glaubte, eine hochgestellte Dame verlange nach ihm!«

Sir Kenneth war tief beschämt und es traf ihn schwer, daß die Königin ihm diese Schmach so leichtfertig antat.

Er wollte eben das Zelt verlassen, als noch ein Name genannt wurde, den er nur zu gut kannte.

»Nein, nein«, sagte die Königin, »warten wir damit, bis Edith mit eigenen Augen gesehen hat, wie pflichtvergessen ihr wachsamer Ritter ist. Das wird ihr eine Lehre sein. Ich fürchte nämlich, daß dieser Ritter ihrem Herzen näherstehen als gut ist. Achtung! Da kommt sie!«

Sir Kenneth sah hinter der Zeltwand einen Schatten näher kommen. Nach der tiefen Enttäuschung überkam ihn nun große Freude. Prinzessin Edith hatte keinen Anteil an dem grausamen Scherz, der mit ihm getrieben wurde. Nun hörte er nur noch tuscheln und ersticktes Lachen.

»Majestät scheinen ja bester Laune zu sein!« sagte Prinzessin Edith schließlich. »Und das zu so vorgerückter Stunde, wo schon alles schläft? Ich war gerade dabei, zu Bett zu gehen, als mir gemeldet wurde, daß Ihr mich hier dringlichst erwartet.«

»Ich halte Euch nicht lange auf, liebe Nichte«, sagte die Königin. »Aber ich glaube, Ihr werdet kaum mehr Schlaf finden, jetzt, wo Ihr Eure Wette verloren habt!«

»Verzeiht, Majestät, aber ich habe Euch stets wiederholt, daß ich keineswegs die Absicht habe, eine Wette einzugehen, gleichviel, wie Ihr darüber denkt.«

»Wie, Ihr leugnet, daß Ihr Euren Rubinring gegen meinen goldenen ausgetauscht und dabei behauptet habt, daß der Leopardenritter nie und nimmer seinen Pflichten untreu werden wird?«

»Majestät, ich möchte Euch nicht widersprechen, aber die Hofdamen hier können bezeugen, daß Ihr es wart, die die Wette aufgestellt hat und daß Ihr mir den Ring vom Finger gezogen habt.«

»Meine liebe Nichte«, antwortete die Königin lachend. »Wer wird sich denn wegen eines harmlosen Scherzes so aufregen? Es war doch nichts Schlimmes dabei, außer, daß der junge Ritter aus Liebe zu seiner Herzensdame seinen Posten verlassen hat. Nectabamus brauchte nur zu sagen, daß Ihr es wünschtet, und schon kam er bis hierher gelaufen.«

»Gütiger Gott! Habe ich recht gehört? Majestät, nein, das könnt Ihr nicht getan haben! Sagt mir, daß Ihr nur scherzt! Wie konntet Ihr nur meinen Namen mißbrauchen, um einen ehrlichen Ritter in die Falle zu locken und der Bestrafung auszuliefern?« entsetzte sich Prinzessin Edith.

»Wenn Ihr um Euren Ritter fürchtet, liebe Nichte, dann unterschätzt Ihr meine Macht!« antwortete die Königin kühl. »Das Herz des Königs ist nicht aus Stein. Ich habe Einfluß genug auf Richard, um verhindern zu können, daß einem Ritter, der Euch so teuer ist, eine Strafe auferlegt wird.«

Sir Kenneth sah, daß Edith vor der grausamen Königin auf die Knie fiel und sie anflehte: »Majestät, aus Liebe zum Heiligen Kreuz, seht Euch vor! Ihr habt noch nie gesehen, wie wütend König Richard wird, wenn jemand seinem Befehl nicht gehorcht! Schickt deshalb den Ritter sofort wieder an seinen Posten zurück!«

»Erhebt Euch, liebe Edith. Es tut mir leid, daß ich mit einem Ritter, der Euch so teuer ist, meinen Spott getrieben habe. Ihr braucht aber deshalb nicht zu verzweifeln, ich werde König Richard erklären, daß ich für alles verantwortlich bin. Nectabamus, begleite den Ritter an seinen Posten zurück. Er muß im Zelt nebenan sein.«

»Majestät, da seid Ihr im Irrtum«, krächzte der Zwerg. »Der Ritter ist viel näher als Ihr glaubt. Er steht hinter dieser Zeltbahn.«

»Er hat also alles mitangehört, was ich gesagt habe?« rief die Königin entsetzt. »Verschwinde, elender Zwerg!« und zu Edith gewandt, fragte sie: »Was sollen wir jetzt tun?«

»Wir haben nur noch eine Möglichkeit«, sagte die Prinzessin entschlossen. »Wir müssen mit dem Ritter sprechen und können nur hoffen, daß er sich großmütig zeigt.« Während sie noch redete, zog sie die Zeltbahn zur Seite. »Tut das um Himmels willen nicht!« rief die Königin entsetzt. Aber da stand Sir Kenneth schon vor ihnen. Die Königin wurde sich plötzlich bewußt, daß sie nicht entsprechend gekleidet war, um einen Ritter zu empfangen, sie stieß einen Schrei aus und entfloh mit ihren Hofdamen durch den gegenüberliegenden Ausgang.

Edith befand sich mit Sir Kenneth allein im Raum. Verwirrt, aber ohne Zögern trat sie näher zu ihm hin und sagte leise:

»Sir Kenneth, kehrt sofort zu Eurem Posten zurück. Ihr seid getäuscht worden, als man Euch hierherlockte. Nein, ich bitte Euch, verlangt keine weiteren Erklärungen von mir!«

»Das wollte ich nicht«, sagte der Ritter, senkte den Blick und beugte ehrfurchtsvoll das Knie.

»Ihr habt doch alles gehört? Warum geht Ihr nicht, wo doch jeder Augenblick, den Ihr noch zögert, Euch den Verlust Eurer Ehre bringen kann?«

»Ich bin bereits ehrlos«, seufzte der Ritter, »und die Strafe, die mich erwartet, kümmert mich wenig. Ich wollte Euch nur eine Frage stellen, und verzeiht mir, daß ich glauben konnte …«

»Ich habe Euch nichts zu verzeihen. Ich allein bin an Eurem Unglück schuld. Und nun geht, ich beschwöre euch, verliert keine Zeit mehr!«

»Nehmt diesen kostbaren Ring wieder«, bat der Ritter und reichte der Prinzessin den Rubinring, den der Zwerg ihm überbracht hatte.

»Nein, behaltet ihn, ich bitte Euch, als Zeichen, daß ich Euch gut bin … und daß ich mir Vorwürfe mache. Mir zuliebe, Ritter, ehe es zu spät ist, eilt so schnell Ihr könnt an Euren Posten zurück!«

Diese Worte verrieten dem Ritter ihre tiefe Zuneigung. Er verbeugte sich und verließ das Zelt. Draußen stand er dann verwirrt und versuchte, sich zu erinnern, wo er war. Er wußte nur noch, daß Edith ihn gebeten hatte, keine Zeit zu verlieren.

Eine Wolke verdeckte den Mond und die Dunkelheit verstärkte seine Verwirrung noch.

Er war sich kaum bewußt, welche Richtung er einschlug.

Aber plötzlich hörte er Lärm, der ihn mit einem Schlag in die Wirklichkeit zurückriß. Das kam vom Sankt-Georgs-Hügel! Zuerst wildes Bellen und dann klagendes Winseln!

Sir Kenneth stürmte so schnell er konnte den Hügel hinauf. Die Wolke gab das Mondlicht gerade wieder frei und da sah er nun, starr vor Angst, daß die englische Fahne verschwunden war. Die Fahnenstange war zerbrochen, die Bruchstücke lagen am Boden verstreut; daneben hingestreckt, von einem Pfeil getroffen, der treue Hund.

14

SIR KENNETH WIRD AUF DIE PROBE GESTELLT

Sir Kenneth stand wie versteinert, bis er sich endlich entschloß, nach dem Täter zu suchen. Da er aber nicht die geringste Spur entdecken konnte, kniete er sich zu seinem todwunden Hund. Als der seinen geliebten Herrn sah, schien er alle Schmerzen zu vergessen und begann dessen Hand dankbar zu lecken. Der Ritter war den Tränen nahe. Jetzt, wo sich alles gegen ihn verschworen hatte, mußte er auch noch seinen treuen Gefährten verlieren!
Er wollte schon verzweifeln, da hörte er neben sich eine Stimme, die ganz ruhig sagte: »Das Unglück ist wie der Regen, der kalt vom Himmel fällt, gleichviel wohin, der aber auch Blumen erblühen und Früchte reifen läßt.«
Sir Kenneth wandte sich um, da sah er den sarazenischen Arzt, der nur wenige Schritte abseits stand und ihm auf diese Weise Trost zusprechen wollte. Beschämt, daß jemand seine tiefe Verzweiflung gesehen hatte, wandte er sich wieder seinem Hund zu.
»Ein Dichter hat einmal gesagt,

daß die Kuh für die Weide geschaffen ist, und das Kamel für die Wüste. Wie verhält es sich dann mit der Hand des Arztes? Ist sie nicht geschaffen, um Wunden zu heilen?« – »Für diese Verletzung werden Eure Kenntnisse nicht ausreichen, El Hakim. Und außerdem verbietet Euch Eure Religion, Tiere zu heilen«, antwortete Sir Kenneth.
»Der Weise hat seine Weisheit von Allah, und er würde seinen Auftrag nicht erfüllen, unternähme er nicht wenigstens den Versuch, dieses von Allah gegebene Leben zu verlängern. Es ist ihm nicht möglich, einen Unterschied zu machen zwischen der Heilung eines armen Knappen, eines mächtigen Fürsten oder eines guten Hundes. Darum, zeigt mir die Wunde!«
Der Sarazene untersuchte Roswals Verletzung aufmerksam. Dann zog er den Pfeil aus der Flanke des Tieres und stillte die Blutung mit Hilfe eines Verbandes, den er einem kleinen Kästchen entnommen hatte:
»Wenn Ihr mir erlaubt, ihn in mein Zelt mitzunehmen, stehe ich dafür ein, daß er wieder gesund wird.«
»Ich bitte Euch, nehmt ihn mit, und wenn es Euch gelingt, ihn zu heilen, behaltet ihn als Geschenk. Ich habe Euch noch nichts geben können zum

Dank für die Heilung meines Knappen, und jetzt, wo ich nicht mehr jagen gehen kann, ist dies die einzige Möglichkeit, meine Schuld zu begleichen.«
Der Arzt klatschte zweimal in die Hände, sofort tauchten zwei Diener auf, hoben den Hund auf und trugen ihn fort.
»Leb wohl, Roswal! Leb wohl, mein einziger Freund. Ich würde gern mein Los mit deinem tauschen, selbst wenn dies den Tod bedeuten würde! Ein Hund, der stirbt, weil er seine Pflicht erfüllt hat, gilt in meinen Augen mehr als ein Mensch, der sich ihr entzogen hat!« klagte der Ritter. »Laßt mich allein, El Hakim, gegen Verletzungen der Seele kommt Ihr nicht an!«
»Es sei denn, der Kranke unterstellt sich dem Arzt und hat Vertrauen zu ihm«, berichtigte El Hakim.
»Ihr wißt nicht, daß es in dieser Nacht meine Aufgabe war, die englische Fahne hier auf dem Hügel zu bewachen. Diese Bruchstücke der Fahnenstange sind

alles, was davon übrig ist. Die Fahne ist fort und ich kann nichts tun, als es einzugestehen!«

»Wie das!« rief El Hakim ungläubig aus. »Eure Rüstung ist unbeschädigt und an Euren Waffen kann ich nicht die geringste Spur von Blut entdecken! Nun, ich kenne Euch doch als tapferen und mutigen Ritter. Ihr habt wohl Eure Pflicht vernachlässigt wegen einer jener hohen Frauen, deren Wünsche euch Christen Befehl sind? Hab' ich recht?«

»Und wenn es so wäre, was soll ich jetzt tun?«

»Hört mir zu. Der Mensch ist nicht verwurzelt wie ein Baum, er muß sich bewegen können. Nach unserer Religion findet, wer immer in der einen Stadt verfolgt wird, Schutz in einer anderen. Als Mohammed aus Mekka verjagt wurde, fand er Zuflucht in Medina.«

»Und was geht mich das an?«

»Hört zu, Ihr werdet gleich verstehen. Ein denkender Mensch flieht vor einem Sturm, den er nicht besänftigen kann. Verliert keine Zeit und bringt Euch in Sicherheit, unterstellt Euch der siegreichen Fahne des Sultans Saladin.«

»Lieber will ich in den Tod gehen, der mir morgen gewiß ist!«

»Es ist nicht klug von Euch, Christ, daß Ihr mein Angebot ablehnt. Ich habe großen Einfluß beim Sultan. Meine Empfehlung würde genügen, damit er Euch in seine Dienste nimmt. Dieser euer Kreuzzug ist auf alle Fälle ein Mißerfolg. Ihr selbst habt doch die Friedensvorschläge der Fürsten der Christenheit übergeben. Aber vielleicht wißt Ihr nicht, wie sie im einzelnen lauten?«

»Das schert mich wenig. Ich habe meine Ehre verloren und warte nur noch auf den Tod.«

»Und genau das will ich verhindern. Alle Welt bemüht sich um die Freundschaft des Sultans. Mehrere eurer Verbündeten haben ihm Friedensvorschläge gemacht, andere haben sich ihm mit allen ihren Leuten ergeben. Aber der Sultan hält nichts von den Diensten dieser Verräter, er will einzig mit König Richard verhandeln oder auch kämpfen, wenn er es wünscht. Der Sultan ist großzügig. Er wird die Pilgerfahrten nach Jerusalem und zu allen heiligen Stätten der Christenheit gestatten. Er will noch mehr tun. Er wird König Richard gestatten, daß Abordnungen seiner Leute in den großen Städten Palästinas Quartier beziehen. Und ich verrate Euch kein Geheimnis, wenn ich Euch sage, daß er zur Feier dieses willkommenen Friedens ein edles Fräulein aus König Richards Familie zur Frau nehmen wird. Das Fräulein heißt Edith Plantagenet.«

»Was sagt Ihr da?« fuhr Sir Ken-

neth in die Höhe, der dem Arzt bisher nur mit halbem Ohr zugehört hatte. »Welcher Christ wäre denn bereit, die gottlose Verbindung zwischen einer Christin und einem Ungläubigen für rechtmäßig zu erklären?«
»Ihr müßt einfältig und blind sein!« fuhr El Hakim leise fort. »So wißt Ihr also nicht, daß es in Spanien üblich ist, daß muselmanische Fürsten hochgeborene

Christinnen heiraten? Kein Mensch entrüstet sich darüber. Jeder hat die Freiheit, seine Religion zu behalten.«

»Wie könnt Ihr nur daran denken, daß König Richard einer solchen Ehe zustimmen würde? Nicht einmal der elendste aller Ritter würde das für seine Tochter wollen!«

»Da täuscht Ihr Euch. Philipp von Frankreich, Heinrich, Graf der Champagne, und viele andere haben diesem Vorschlag zugestimmt. Der Erzbischof von Tyros hat sich aus freien Stücken bereit erklärt, mit dem König darüber zu reden. Verlaßt deshalb das Lager, Ritter. Sultan Saladin und König Richard werden sich binnen kurzem einig sein. Sattelt Euer Pferd und reitet los! Ich habe Euch klar aufgezeigt, was Ihr zu tun habt!«

»El Hakim, hättet Ihr nicht König Richard und meinem Knappen das Leben gerettet, ich würde Euch niederschlagen! Der Sarazene, der dem König diese gottlosen Vorschläge unterbreiten soll, muß gewarnt werden. Es spricht alles dafür, daß der König ihn mit eigenen Händen umbringt!«

»Ihr seid also entschlossen, Euch nicht dem sarazenischen Heer anzuschließen? Überlegt Euch das zweimal, Ritter! Bleibt Ihr hier, kostet es Euch das Leben! Gut, ich überlasse Euch Eurem Eigensinn!«

Noch während er so sprach, entfernte sich der Arzt langsam. Er hoffte immer noch, daß Sir Kenneth sich eines Besseren besinnen werde. Der Ritter war jedoch viel zu gereizt und vor allem voll Wut. Er dachte an die glücklichen Stunden, die er in der unterirdischen Kirche bei Theoderich verbracht hatte, und er dachte auch daran, wie gut sich doch der Einsiedler und der sarazenische Emir verstanden hatten.

»Dieser Einsiedler!« dachte er wütend. »Alles war schon im vorhinein ausgemacht! Den Sarazenen haben sie zu Theoderich geschickt, damit er Edith unbemerkt beobachten konnte. Er sollte entscheiden, ob sie eines Sultans würdig sei!«

Er war überzeugt, daß die ganze Sache gegen König Richards Willen angezettelt worden war, und er beschloß, diesem alles zu melden. Er verließ den Hügel und eilte mit großen Schritten zum Zelt des Königs.

15

EIN SCHERZ HAT SCHWERE FOLGEN

Nachdem König Richard seine Fahne der Wachsamkeit des schottischen Ritters anvertraut hatte, war er in sein Zelt zurückgekehrt, um schlafen zu gehen. Daß er den österreichischen Herzog gedemütigt hatte, befriedigte ihn sehr. Damit hatte er gleich auch einer ganzen Hundertschaft von Feinden den Mund gestopft.
Der arabische Arzt hatte bis in die Nacht hinein bei ihm gewacht und ihm zweimal etwas Beruhigendes verabreicht. Gegen Morgen, als der König friedlich schlief, hatte El Hakim das Zelt des Königs verlassen, um nach Sir Kenneths Knappen zu sehen. Von ihm hatte er erfahren, daß Sir Kenneth auf dem Sankt-Georgs-Hügel Wache stand, und El Hakim hatte ihn dort aufgesucht.
Die Sonne war eben aufgegangen, als neben dem Zelt Schritte eines Mannes laut wurden. Davon erwachte Baron de Vaux, der neben dem Lager des Königs schlief, und er rief: »Wer da!«
Der Ritter stand schon vor ihm – unbewaffnet.
»Wie könnt Ihr es wagen, so einfach ins Zelt des Königs einzudringen?« fragte Baron de Vaux unfreundlich, aber doch leise, um den König nicht zu wecken.
Richard aber schlief nicht mehr. »Gemach, gemach, Baron!« sagte der König. »Als verläßlicher Ritter will Sir Kenneth mir über seine Nachtwache berichten. Dafür steht mein Zelt stets offen. Sprecht nur, tapferer schottischer Ritter. Weht meine Fahne noch über dem Lager?«
»Majestät, ich habe es an Wachsamkeit fehlen lassen während der Nacht. Das war sehr unehrenhaft. Die englische Fahne ist verschwunden.«
»Wie? Und Ihr seid noch am Leben?« Der König konnte es nicht glauben: »Das ist nicht möglich! Ihr habt nicht den kleinsten Kratzer! Warum schweigt Ihr denn? Sagt mir die Wahrheit. Sollte das nur ein Scherz gewesen sein, sei Euch vergeben!«
»Ein Scherz, Majestät?« sagte der Ritter nicht ohne Bitterkeit. »Es ist die Wahrheit.«
»Beim heiligen Georg!« donnerte der König los.
Außer sich vor Wut schrie er: »De Vaux, seht nach! Ich fürchte, die durchwachte Nacht hat sich dem Ritter auf den Verstand geschlagen! Das kann nicht wahr sein! Der Kerl ist unverfroren! Beeilt Euch, de Vaux!«
Da unterbrach Sir Neville den König. Außer Atem stürzte er herein, um zu melden, daß die Fahne verschwunden sei. Die Schildwache müsse getötet worden sein, denn er habe einen Blutfleck entdeckt, mitten zwischen den Bruchstücken der Fahnenstange. Als er Sir Kenneth im Zelt stehen sah, hielt er völlig überrascht inne.
»Verräter!« donnerte der König und griff nach seiner Streitaxt. »Du bist nichts als ein gemeiner Verräter und deshalb sollt du sterben!«
Blaß und regungslos stand der Ritter barhäuptig da, murmelte ein Gebet und starrte auf den König. Der hatte mit dem Arm schon zum Schlag ausgeholt, als er einen Schritt zurückwich und ausrief: »Sir Neville, Ihr habt doch von einem Blutfleck gesprochen? Hört, schottischer Ritter, Ihr seid stets so tapfer gewesen,

ich habe mit eigenen Augen gesehen, wie Ihr kämpft. Sagt mir, daß Euch der Angreifer verwundet hat, sagt doch, daß Ihr zumindest gekämpft habt, um die Fahne zu verteidigen, und ich lasse euch frei!«
»Es hat nur einer sein Blut für die Fahne vergossen, mein armer Hund, der pflichtbewußter war als sein Herr. Er hat die Fahne, die ich verlassen hatte, zumindest verteidigt.«
»Heiliger Georg!« stammelte der König, und er hätte den Schotten erschlagen, wäre Baron de Vaux nicht mit dem Ruf dazwischengetreten: »Majestät, haltet ein! Es war ziemlich unklug von Euch, einem Schotten zu vertrauen!«
»Da habt Ihr recht. Dieser Mensch ist mir ein Rätsel. Da benimmt er sich wie ein Feigling und dann erwartet er den Axthieb, als wollte ich ihn zum Ritter schlagen.«
»Majestät«, murmelte der Schotte.
»Ach, was höre ich? Ihr habt Eure Sprache wiedergefunden? Wollt Ihr um Barmherzigkeit flehen? Und wärt Ihr mein eigener Bruder, ich würde Euch nicht vergeben!«
»Ich bitte nicht um mein Leben. Ob ich jetzt oder später sterbe, was macht das schon aus? Majestät, ich bitte Euch nur um eine Gunst. Erlaubt mir, daß ich Euch eine Nachricht übermittle, die für die Gemeinschaft der Christen von allergrößter Bedeutung ist.«
»Sprich«, antwortete der König und erwartete, daß er von der Fahne reden werde.
»Was ich Euch zu sagen habe, betrifft ausschließlich das englische Königshaus. Es geht Euch allein an.«
»Meine Herren! Laßt uns allein«, wandte sich der König an Baron de Vaux und Sir Neville.
Sir Neville folgte der Aufforderung, der Baron aber weigerte sich und gab vor, daß er den König mit einem Verräter nicht allein lassen könne.
»Gleichviel«, erklärte Sir Kenneth »Ich werde in Gegenwart des Barons sprechen,

der ja ein tapferer und vertrauenswürdiger Ritter ist.«

Nach einer Pause begann der Leopardenritter: »Majestät ...« Er zögerte etwas, dann sagte er schließlich ganz leise: »Lady Edith ...«

»Was habt Ihr über sie zu berichten? Ihr werdet doch nicht behaupten wollen, daß sie mit dieser Angelegenheit zu tun hat?«

»Majestät, es ist ein Komplott gegen die Ehre der königlichen Familie geplant. Man will dem Sultan eine Heirat mit Lady Edith vorschlagen und damit gleichzeitig einen Frieden erkaufen, der für die gesamte Christenheit eine wahre Schande wäre!«

Diese Worte hatten eine ganz andere Wirkung, als Sir Kenneth erwartet hatte. Sie erschütterten den König überhaupt nicht. Einzig an dem Namen Edith schien er sich zu stoßen.

»Schweigt, elender Verräter«, schrie er. »Ich lasse Euch die Zunge ausreißen, wenn Ihr es noch einmal wagt, den Namen dieser vornehmen Christin in den Mund zu nehmen. Ich weiß, daß Ihr ein Auge auf sie geworfen habt! Geht es Euch etwas an, wenn ich mit dem großen Saladin ein Bündnis besiegeln will? Wie könnt Ihr es wagen, Euch in Dinge zu mischen, die ein so hochgeborenes Fräulein wie Lady Edith betreffen? Sprecht den Namen niemals mehr aus!«

»Ich sollte ihren Namen nicht mehr aussprechen, nicht mehr

an sie denken dürfen?« sagte Sir Kenneth, und sein alter Stolz erwachte wieder. »Ihr Name wird das letzte Wort sein, das über meine Lippen kommt! Tötet mich, wenn Ihr wollt, aber das könnt Ihr mir niemals verbieten!«
»Dieser Mensch treibt mich noch in den Wahnsinn!« schrie der König außer sich.
Im selben Augenblick gab es Lärm vor dem Zelt, Sir Neville trat ein und meldete die Königin.
»Laßt sie nicht vor!« befahl der König. Dann wandte er sich an Baron de Vaux: »Laßt ihn fortbringen, diesen Verräter! Schickt ihm einen Beichtvater, ich will, daß er als Ritter stirbt.«
Der Baron war dem schottischen Ritter trotz allem, was gegen ihn sprach, gut gesinnt und er sagte ihm, daß der König ihm erlaube zu beichten und als Ritter zu sterben.
»Der König ist sehr gnädig«, sagte Sir Kenneth. »So wird zumindest meine Familie nicht erfahren, daß ich als Verräter gestorben bin. Mein armer, armer Vater!« Diese Worte bewegten den Baron, der ansonsten nicht leicht zu rühren war, und es schnürte ihm den Hals zu, als er Sir Kenneth bat, sich gemäß dem Befehl des Königs aufs Sterben vorzubereiten.
»Ich unterwerfe mich dem Willen Gottes und dem des Königs! Ich nehme meine Strafe an!«

16

KÖNIGIN BERENGARDIS BEIM KÖNIG

Berengardis, die Tochter des Königs von Navarra und die Gemahlin des englischen Königs Richard Löwenherz, galt als eine der schönsten Frauen ihrer Zeit. Sie hatte schneeweiße Haut und rötlichblondes Haar. Sie war einundzwanzig Jahre alt, sah aber jünger aus. Vielleicht verleitete sie dieser Umstand dazu, sich wie ein ungezogenes Kind zu benehmen.

Hatte sie ihren ganzen Vorrat an Launen erschöpft, begann sie, die Kranke zu spielen und den Arzt in Verwirrung zu bringen, bis der sich nicht mehr zu helfen wußte.

So erfanden die Hofdamen zur ihrer Zerstreuung eine Menge Spiele und ließen sich immer neue Scherze einfallen. Die Königin wurde wieder fröhlich und stürzte sich manchmal mit solcher Begeisterung ins Spiel, daß niemand sie für eine so hochgestellte Dame gehalten hätte. Sie liebte König Richard, fürchtete aber sein rauhes und aufbrausendes Wesen. An Bildung war sie ihm unterlegen und daher stets eifersüchtig, wenn er sich lieber mit der klugen und gebildeten Edith unterhielt. Sie mochte Edith deshalb nicht. Die Hofdamen wußten sehr gut, daß sie Edith gern zur Zielscheibe ihres Spottes machte. Und auch sie hielten sich nicht zurück und machten sich über Ediths Haartracht und ihre Kleidung lustig. Die stumme Ergebenheit Sir Kenneths war ihnen natürlich längst aufgefallen und sie ließen es sich nicht entgehen, sie deshalb zu necken. Und dann war es zu jener Wallfahrt zum ehrwürdigen Theoderich gekommen; auf Anraten des Erzbischofs von Tyros hatte Theoderich die Königin veranlaßt, für die Genesung des Königs zu beten.

In der unterirdischen Kirche hatte dann eine der Hofdamen gesehen, wie Edith dem Ritter ein freundliches Zeichen gab. Sie hatte nichts Eiligeres zu tun, als der Königin darüber zu berichten, die sich freute, neuen Stoff für ihre Spötteleien zu haben. Sie wollte sofort wissen, was der Ritter damals beim Erscheinen der beiden Zwerge ihres Gefolges gemacht hatte. Aber durch das Betragen des Ritters und das Einschreiten des Einsiedlers war dieser Scherz mißlungen. Sie hatte sich deshalb einen anderen Streich ausgedacht, der schwerwiegende Folgen haben sollte!

Als Sir Kenneth in der Nacht das Zelt der Königin wieder verlassen hatte, faßten sich die Königin und ihr Gefolge wieder. Die Königin hatte Edith vorgeworfen, alles viel zu ernst zu nehmen. Sie hatte sich über die Armut des Leopardenritters in einer Weise lustig gemacht, daß Edith sich ganz verstört zurückgezogen hatte.

Als Edith dann am nächsten Morgen vom Verschwinden der Fahne hörte und über den Verbleib des Ritters nichts in Erfahrung bringen konnte, suchte sie die Königin neuerlich auf. Sie flehte sie an, sich sofort zum König zu begeben, um den bösen Folgen ihres üblen Scherzes noch zuvorzukommen. Die Königin fürchtete des Königs Zorn, daher hatte sie Edith zu beruhigen versucht. Sie sagte, daß nach ihrer Meinung nichts Schlimmes geschehen sein konnte und daß der Ritter offensichtlich schlafen gegangen war.

Es gehe doch schließlich um nichts weiter als um eine Fahne und um einen armen Ritter. Und sollte er wirklich für eine Zeit in den Kerker wandern, glaube sie denn nicht, daß sich Berengardis sicher sei, seine Begnadigung zu erreichen?

Edith versuchte vergebens den Wortschwall der Königin einzudämmen, da sah sie eine Hofdame ins Zelt treten. An ihren Augen, an ihren Zügen war abzulesen, daß ein Unglück geschehen war.

Und mit berechtigter Verzweiflung rief Edith: »Majestät, Eure Worte sind nicht mehr angebracht. Trachtet das Leben des Ritters zu retten, wenn Ihr es noch könnt!«

»Es ist noch nicht alle Hoffnung verloren«, sagte die Hofdame, die eben eingetreten war. »Aber wir dürfen keine Zeit mehr verlieren!«

»Ich werde einen goldenen Kerzenleuchter für das Heilige Grab spenden, und ich verspreche der Madonna von Engaddi eine Kassette voll mit Silberstücken.«

»Majestät, versprecht, was Ihr wollt!« rief Edith am Ende ihrer Kraft. »Aber jetzt beeilt Euch, bitte, geht doch zum König!«
»Ich gehe schon«, antwortete die Königin, während die Hofdamen sie für den Anlaß zu kleiden versuchten. »Ihr seht ja, es gelingt ihnen nicht einmal, eher mit dem Ankleiden fertig zu werden!«
Jeder Vorwand war ihr recht, um nicht zum König gehen zu müssen.
»Wäre es nicht besser, den Bischof von Tyros zu bitten, daß er mit dem König spricht?«
»Nein, Majestät«, rief Edith. »Ihr habt das ganze Unheil angerichtet, Ihr müßt auch die Folgen auf Euch nehmen!«
»Schön, einverstanden, ich werde zu ihm gehen. Aber sollte der König gerade zornig sein, finde ich bestimmt nicht den Mut, ihn anzusprechen.«
»Geht dennoch, Majestät«, schmeichelte Lady Calista, die ihre Herrin gut kannte. »Wer könnte denn Eurer Schönheit widerstehen? Sogar für König Richard sind Eure leisesten Wünsche ein Befehl.«
»Glaubt Ihr wirklich, Calista? Nun dann will ich gehen.« Dann wandte sie sich zu ihren Hofdamen und tadelte sie: »Schaut doch, was ihr angerichtet habt! Ihr habt mich in Grün gekleidet, und der König kann Grün nicht leiden! Gebt mir andere Kleider und meine Kette mit den Rubinen!«
»Wie könnt Ihr damit so viel Zeit vertun, wo doch jeder Augenblick zählt!« empörte sich Edith. »Bleibt hier, Majestät, ich selbst werde zum König gehen. Ich werde ihn fragen, ob es recht war, meinen Namen zu mißbrauchen, um damit einen wackeren Edelmann von seinem Wachtposten wegzulocken; um ihn so weit zu treiben, daß er sein Leben riskierte, sich mit Schande bedeckte und die Ehre Englands und der gesamten Christenheit aufs Spiel setzte!«
Berengardis war sprachlos über Ediths Worte. Und als diese aus dem Zelt eilen wollte, befahl sie ihren Hofdamen, sie zurückzuhalten. Hastig warf sie sich einen weiten Mantel über die Schultern und lief ängstlich zum Zelt des Königs.

17

WEITERE VERSUCHE, SIR KENNETH ZU RETTEN

Als Königin Berengardis beim Zelt des Königs anlangte, wurde sie nicht vorgelassen. »Da seht Ihr, Edith«, sagte sie. »Mich verwundert das gar nicht. Der König weigert sich, mich zu empfangen.« Dann hörten sie, wie Richard drinnen im Zelt zu jemandem sagte: »Erledigt eure Arbeit und kommt mir melden, ob dieser Mann mutig gestorben ist. Ich will wissen, ob er gezittert hat.«

»Er wäre nicht der erste, der vor meinem Schwert zittert!« gab eine andere Stimme hämisch zurück.

Edith wollte nicht noch mehr hören und sagte zur Königin: »Wenn Ihr nicht einzutreten wagt, dann tue ich es!«

Nachdem sie den Wachtposten mit einer entschiedenen Armbewegung zur Seite geschoben hatte, drang sie entschlossen ins Zelt ein, und die Königin folgte ihr widerwillig.

Der König stand mitten im Raum. Neben ihm wartete ein Mann, dessen Beruf nicht schwer zu erraten war.

Er trug ein Oberhemd aus rotem Leinen, das die Arme bis zum Ellbogen frei ließ, und darüber eine Art Lederwams. Um die Beine hatte er Ledergamaschen gewickelt, und auf dem Kopf saß eine Fellmütze, die seine Stirn fast ganz verdeckte. Der Mann hatte einen struppigen roten Bart und brennrotes Haar. Auf sein Schwert gestützt stand er unbeweglich da und wartete auf des Königs Befehle.

Wie gebannt schaute der König auf die eintretenden Frauen. Aber Berengardis wußte, wie sie ihn besänftigen konnte.

Sie warf einen entsetzten Blick auf den Henker und fiel dann vor dem König auf die Knie. Sie öffnete ihren Mantel und ließ dabei ihr schönes Haar über die Schultern fallen.

»Was wollt Ihr, Berengardis?« fragte der König.

»Schickt diesen schrecklichen Menschen fort!« sagte die Königin zitternd.

»Verschwinde!« befahl der König.

Der Henker gehorchte auf der Stelle.

»Nun sagt mir, warum Ihr hier seid, Berengardis«, lächelte der König und seine Augen sahen sie zärtlich an.

»Was führt meine Gattin zu so früher Morgenstunde in mein Zelt?« fragte er noch einmal.

»Verzeiht, daß ich so gewaltsam hier eingedrungen bin.«

»Ich Euch verzeihen? Ihr seid doch wie eine Sonne, die dieses Gelaß mit ihren Strahlen erhellen könnte. Ich war nur eben mit Dingen beschäftigt, meine Liebe, von denen ich Euch lieber fernhalten möchte. Außerdem lauft Ihr hier Gefahr, Euch eine Krankheit zuzuziehen.«

»Ich glaube jedoch zu sehen, mein werter Gemahl, daß Ihr wieder völlig genesen seid«, sagte die Königin, die ihre schwere Beichte noch etwas hinausschieben wollte.

»Ich fühle mich so viel besser«, lachte der König, »daß ich jeden mit meiner

Lanze durchbohren würde, der zu behaupten wagte, daß Ihr nicht die schönste aller Christenfrauen seid!«

»Ihr werdet mir also einen kleinen Gunstbeweis nicht abschlagen? Nur einen ganz kleinen Gunstbeweis, ein armes Leben?« stieß die Königin hastig hervor. Und mit halb erstickter Stimme fügte sie noch hinzu: »Es geht um den unglücklichen schottischen Ritter.«

»Sprecht mir nicht von diesem Schotten, Berengardis«, rief Richard wütend. »Seine Bestrafung ist bereits beschlossen!«

»Mein herzliebster Mann, ich flehe Euch an … Es geht doch schließlich nur um eine Fahne, die verlorengegangen ist. Ich werde Euch eine schönere schenken, handgestickt und mit Perlen besetzt. Bei jeder Perle werde ich aus Dank= barkeit eine Träne weinen!«

Der König unterbrach sie wütend: »Berengardis, Ihr wißt nicht, was Ihr redet! Alle Perlen des Morgenlandes könnten die Schmach nicht tilgen, die der englischen Fahne angetan worden ist. Zieht Euch zurück! Ich muß mich um Dinge kümmern, die Ihr nicht verstehen könnt.«

»Habt Ihr gehört, Edith?« flüsterte die Königin Edith zu. »Wenn wir ihn noch weiter bestürmen, wird er nur noch wütender!«

»Und wenn schon!« gab Edith zurück. Sie trat vor den König hin und sagte: »Majestät, ich, als Eure Nichte, bitte Euch nicht um eine Gnade, sondern um etwas, das recht und billig ist! Dem muß ein König Gehör schenken.«

»Sieh an, meine Nichte Edith!« rief der König. »Ihr habt eine so königliche Art zu sprechen, daß ich Euch wohl anhören muß, außer der Antrag wäre weder Euch noch meiner würdig!«

Edith war lange nicht so schön wie die Königin, aber aus ihren Zügen sprach so viel Aufrichtigkeit, daß der König beeindruckt innehielt.

»Majestät«, sagte Edith, »der tapfere Ritter, den Ihr zum Tode verurteilt habt, hat sich um die Christenheit verdient gemacht. Hat er gegen seine Pflicht verstoßen, ist es nicht seine Schuld. Durch Unbesonnenheit ist er in eine Falle gegangen. Es wurde ihm eine Botschaft überbracht, von … Ich habe sie ihm zukommen lassen, und deshalb hat er seinen Posten verlassen. Aber welcher andere Ritter hätte sich einem Befehl widersetzt, der von einer Plantagenet kommt?«

»Ihr habt ihn also gesehen?« fragte der König und hielt seinen Zorn nur mühsam zurück.

»Ja, Majestät, und ich bin nicht bereit, die Gründe dafür anzugeben. Ich bin nicht gekommen, um meine Sache zu vertreten oder jemand anderen anzuklagen.«

»Und wo habt Ihr ihn gesehen?«

»Im Zelt der Königin.«

»Das geht in der Tat zu weit!« brach der König los. »Seine unverschämte Bewunderung für ein hochgestelltes Fräulein war mir nicht entgangen. Aber daß Ihr ihn getroffen habt, im Zelt der Königin, und nun auch noch für ihn eintretet, das geht wahrlich zu weit! Beim heiligen Georg, seht Euch vor, Lady Edith Plantagenet! Das werdet Ihr mir büßen. Ich werde Euch in ein Kloster sperren lassen!«

»Majestät, Ihr gebraucht Eure Macht wie ein Tyrann!« rief Edith.

»Die Königin kann bezeugen, daß meine Ehre unangetastet ist. Aber ich habe schon gesagt: ich will niemanden anklagen. Ich bitte Euch lediglich um die Begnadigung eines Ritters, der den Fehler begangen hat, einer Aufforderung Folge zu leisten. Habt nicht auch Ihr schon das eine oder andere Mal die göttliche Gnade in Anspruch nehmen müssen für Vergehen, die weit schwerer wogen?«

Der König wurde immer aufgebrachter und wollte Edith gerade entgegnen, als jemand das Zelt betrat. Es war ein Mönch in einem weiten Mantel mit einer Kapuze, die er über den Kopf gezogen hatte.

Der Mönch warf sich vor dem König nieder und flehte ihn an, bei allem, was ihm teuer sei, den schottischen Ritter zu verschonen.

»Bei meinem Schwert!« brauste der König auf. »Ihr verbündet euch allesamt gegen mich, damit ich endlich gar den Verstand verliere! Ich höre nichts als die unsinnigsten Verteidigungsreden zugunsten eines Menschen, den ich zu Recht verurteilt habe! Woher wißt Ihr denn überhaupt, daß der Schotte noch am Leben ist?«

»Majestät, ich habe Baron de Vaux gebeten, die Vollstreckung des Urteils zu verschieben.«

»Und er hat die Stirn gehabt, Euch zu gehorchen? Was habt Ihr mir zu sagen, Mönch?«

»Majestät, ich habe als Beichtiger ein wichtiges Geheimnis erfahren. Es ist mir nicht erlaubt, es preiszugeben. Aber ich schwöre Euch, daß Ihr Euer Urteil sofort ändern würdet, dürfte ich Euch über das, was mir der Verurteilte anver= traut hat, Genaueres berichten.«

»Ehrwürdiger Vater! Das Kreuz, das ich auf der Brust trage, beweist meine Hochachtung gegenüber der Kirche. Entdeckt mir dieses Geheimnis und ich werde die entsprechende Entscheidung treffen.«

Der Mönch öffnete seinen Mantel, unter dem ein Gewand aus Ziegenfellen seinen mageren Körper bedeckte.

»Majestät, ich habe zwei Dezennien meines Lebens einsam in der Höhle von Engaddi zugebracht. Haltet Ihr einen, der für die Welt bereits tot ist, für fähig, Euch eine Lüge aufzutischen? Oder erwartet Ihr von mir, daß ich das Beichtgeheimnis preisgebe? Das werde ich nicht tun.«

»Ihr seid es also, Theoderich, der berühmte Einsiedler!« Und zu Euch haben die christlichen Fürsten diesen Ritter geschickt, damit Ihr Verhandlungen mit dem Sultan anbahnt! Und das alles, während ich durch meine Krankheit ans Lager gefesselt war. Kümmert Euch nicht um Dinge, die Euch nichts angehen! Und der schottische Ritter wird sterben, allen Euren inständigen Bitten zum Trotz!«

»Gott verzeihe Euch, Herr! Ihr seid dabei, ein Verbrechen zu begehen. Ihr werdet bitter dafür bezahlen!« schleuderte ihm der Einsiedler entgegen.

»Hinaus!« schrie der König. »Die Sonne steht schon hoch am Himmel und die Ehre Englands ist noch immer nicht gerächt! Ich schwöre ...«

»Schwört nicht!« unterbrach ihn da plötzlich eine Stimme. El Hakim war eben ins Zelt getreten.

»Ach, der weise El Hakim kommt also auch, um an meine Seelengröße zu appellieren!«

»Ich komme, weil ich Euch ohne Umschweife bitten will, mir ein Gespräch zu gewähren. Es geht um Dinge, die sehr wichtig sind.«
»El Hakim, ich möchte Euch der Königin vorstellen, dann kann sie meinen Retter endlich persönlich kennenlernen.«
»Ich darf ihre unverschleierte Schönheit nicht betrachten«, erwiderte El Hakim, überkreuzte die Arme vor der Brust und schaute zu Boden.
»Berengardis und Edith, laßt uns allein. Ich gebe mein Einverständnis, daß die Vollstreckung des Todesurteiles auf Mittag verschoben wird.«

18

EL HAKIM ERHÄLT SEINEN LOHN

Der Einsiedler hatte in Begleitung der Königin und Prinzessin Ediths das Zelt des Königs verlassen, entfernte sich aber nicht weit davon. El Hakim verbeugte sich nach arabischer Art und hob zu sprechen an: »Großer König, erlaubt Eurem bescheidenen Diener, daß er ein paar Worte an Euch richtet. Ich möchte Euch daran erinnern, daß Ihr mir nichts schuldet, daß Ihr einzig den höchsten Mächten zu Dank verpflichtet seid. Sie haben sich meiner bedient, um den Sterblichen das kostbarste Gut des Lebens zu schenken.«

»Ich wette, Ihr wollt, daß ich ein Leben gegen ein anderes eintausche«, unterbrach ihn der König.

»Um Euch dieses Ansuchen zu unterbreiten, bin ich zu Euch gekommen. Ich flehe Euch an, habt Nachsicht mit dem schottischen Ritter wegen des Fehlers, den er begangen hat.«

»Ihr seid weise genug, als daß ich Euch erst sagen müßte, daß auch Adam mit dem Tode bestraft wurde«, antwortete der König ernst.

Es schien ihm ein Gedanke gekommen zu sein, er begann im Zelt hin und herzugehen und kaum hörbar vor sich hin zu reden: »Soeben habe ich einen Mann zum Tode verurteilt. Und ich, als König und als Krieger, sollte nicht die Macht haben, dieses Urteil auch vollstrecken zu lassen? Es geht doch schließlich um meine Ehre, um die Ehre meiner Familie und die Ehre der Königin! Beim heiligen Georg, das ist doch zum Lachen! Es erinnert mich alles an das Märchen vom verwunschenen Schloß! Wollte ein Ritter dort hineingelangen, stellten sich ihm alle möglichen Gespenster in den Weg und durchkreuzten seine Unternehmungen auf tausenderlei Arten. Etwas Ähnliches geschieht nun mit mir. Ein Hindernis folgt auf das andere. Erst die Königin, dann meine Nichte, dann der Einsiedler und schließlich auch noch der Arzt. Ich komme mir vor wie ein Ritter, der im Turnier allein gegen alle anderen Mitstreiter antreten muß!«

Darüber mußte der König lachen. Er war mit einemmal bester Laune. Sein Jähzorn war meist zu heftig, um von langer Dauer zu sein. El Hakim hatte den König staunend beobachtet. Plötzliche Stimmungsumschwünge dieser Art waren ihm von seiner Natur her fremd und daher unverständlich. Ein solcher Lachanfall war seiner Meinung nach eines Mannes nicht würdig.

»Es steht niemandem zu, ein Todesurteil auszusprechen und dabei zu lachen«, sagte er schließlich. »Ich erwarte von Euch die Begnadigung dieses Mannes.«

»Ehe ich ihm das Leben schenke, willige ich lieber ein, tausend Eurer Landsleute freizulassen, damit sie zu ihren Familien heimkehren können«, sagte der König. »Was kümmert Euch im Grunde das Leben dieses Menschen, den ich zum Tode verurteilt habe?«

»Der Tod erwartet uns alle, wie wir hier sind«, antwortete El Hakim. »Aber Er, der über unserem Leben wacht, ist barmherzig. Ich sage Euch, wenn Ihr diesem Ritter gegenüber nicht Gnade walten läßt, bringt Ihr damit das Leben vieler anderer Menschen in Gefahr!«

»Erklärt Euch näher, aber versucht nicht, mich zu täuschen!« drohte der König. »Ich werde mich hüten! So wisset denn, mächtiger König, daß die Arznei, die Euch und vielen anderen Kranken das Leben gerettet hat, ein Talisman ist. Ich bin der einzige unter allen Sterblichen, der diese Arznei verabreichen kann. Ich kann den Talisman ins Wasser tauchen und ich kann den genauen Zeitpunkt bestimmen, wann die Arznei verabreicht werden soll. Am Ende aber bewirkt nur seine Kraft die Heilung.«

»Das Mittel ist wirklich ausgezeichnet«, bestätigte der König, »und dabei so handlich! Man kann es stets bei sich tragen und erspart sich auf diese Weise eine Menge Kamele, die all die anderen Heilmittelchen schleppen müßten. Ich verstehe gar nicht, daß man überhaupt noch etwas anderes verwendet!«

»Es steht geschrieben: ‚Ein williges Pferd soll man nicht spornen.' Einigen wenigen Auserwählten ist es unter großen Opfern gelungen, die Kraft des Talismans zu bewahren. Sie mußten dafür Entbehrungen, Fasten und Einsamkeit auf sich nehmen. Der Arzt, dem der Talisman anvertraut ist, muß in jedem Monat mindestens zwölf Menschen heilen. Gelingt ihm dies nicht, verliert der Talisman seine Kraft und der Arzt erkrankt selbst und stirbt vor Jahresfrist. Ich muß in diesem Monat noch ein Leben retten!«

»Dann geht nur gleich ins Lager, mein lieber El Hakim, dort findet Ihr Kranke genug. Im übrigen verstehe ich nicht, wie Ihr durch die Errettung eines zum Tode Verurteilten zu Euren zwölf Heilungen kommen wollt!«

»Sobald Ihr erklären könnt, wieso eine Schale Wasser Euch gesund machen konnte, dürft Ihr über dieses Rätsel mitreden. Und was mich angeht, so kann ich zu meinen zwölf Heilungen nicht kommen, weil ich heute früh ein unreines Tier berührt habe. Macht mir also keine anderen Vorschläge. Merkt Euch lediglich, daß Ihr ein unmittelbar bevorstehendes Unglück abwenden könnt, wenn Ihr das Leben dieses Ritters schont.«

»Hört, El Hakim, ich mag die Ärzte nicht besonders, die mit unverständlichen Worten spielen oder die Sterne befragen! Wenn Ihr Richard Löwenherz glauben machen wollt, daß ein Unglück über seinem Haupt schwebt, dann schreibt es Euch hinter die Ohren, daß ich keineswegs einer von diesen dummen Sachsen oder ein abergläubisches Weib bin!«

»Es steht Euch frei, meine Worte anzuzweifeln, aber Ihr habt nicht das Recht, so und so viele Kranke um die Wunderkräfte des Talismans zu bringen!« sagte El Hakim entschieden.

»Aber wisset, daß ich den Muselmanen und den Christen Europas und Asiens verkünden werde, daß Ihr nichts weiter als ein besonders undankbarer König seid!«

»Wie könnt Ihr es wagen, widerlicher Heide?« schrie Richard. »Seid Ihr Eures Lebens müde?«

»Schlagt mich doch nieder! Damit wird sich deutlicher als durch meine Worte offenbaren, was Ihr für ein König seid!«

Der König wandte sich ab und begann wieder auf und ab zu gehen. »Ich undankbar? Ich sollte nicht großmütig sein? El Hakim, Ihr habt Euch Euren Lohn selbst ausgesucht. Mir wäre es lieber gewesen, Ihr hättet Euch für die Kronjuwelen entschieden, aber ich habe nicht das Recht, Euch etwas abzuschlagen, was immer es auch sei. Also gut, dann nehmt den schottischen Ritter.

Nehmt ihn mit Euch, macht einen Sklaven oder was Ihr sonst wollt aus ihm. Aber seht Euch vor, daß er mir niemals mehr über den Weg läuft! Kann ich sonst noch etwas für Euch tun?«

»Mein Herz strömt über vor Dankbarkeit ob Eurer Güte, König Richard!«

»Ich hätte Euch gerne etwas geschenkt, das Euch Freude macht.«

»Nun, dann erlaubt mir, Eure sieggewohnte Hand zu drücken zum Zeichen, daß Richard von England, sollte Adonebec El Hakim ihn je um eine Gunst bitten, ihm diese gewähren wird.«

»Zum Beweis dafür gebe ich Euch die Hand und meinen Handschuh lasse ich Euch als Pfand.«

»Euer Leben möge ewig währen!« wünschte El Hakim dem König, dann verbeugte er sich und verließ das Zelt.

Innerlich unbefriedigt schaute Richard dem Scheidenden nach. »Was für ein sonderbarer Starrkopf, dieser Arzt!« schimpfte der König. »Durch welche Fügung des Schicksals ist es diesem manierlosen Schotten nun doch gelungen, seiner Bestrafung zu entgehen? Eigentlich ist es ein Grund, sich zu freuen, denn auf diese Weise bleibt uns einer der tapfersten Männer erhalten! Und jetzt zum Herzog von Österreich!« Er ging zum Ausgang des Zeltes und schrie: »De Vaux, wo seid Ihr?«

Sir Thomas erschien sofort. Wie ein Schatten glitt auch der Einsiedler hinter ihm ins Zelt.

Richard, der ihn nicht bemerkte, gab seine Befehle: »Sir Thomas, begebt Euch sofort in Begleitung eines Herolds zum Zelt des Ritters, der sich Herzog von Österreich nennen läßt. Wartet ab, bis alle seine Ritter und Lehnsleute um ihn versammelt sind, dann sprecht ihn an. Klagt ihn im Namen König Richards an, daß er oder einer seiner Mannen in seinem Auftrag die englische Fahne abgerissen hat.

Sagt ihm ferner, daß der englische König verlangt, daß ihm die Fahne vom Herzog in Begleitung aller Lehnsleute zurückerstattet wird. Sie mögen barhäuptig und ohne jedes Rangabzeichen hier erscheinen. Und sagt ihm vor allem, er möge seine eigene Fahne in Stücke reißen, neben der englischen Fahne auf dem Sankt-Georgs-Hügel. Auf der anderen Seite soll er eine Lanze aufpflanzen lassen und darauf den Kopf dessen aufspießen, der ihm zu dieser Schurkerei geraten hat. Sobald alle meine Forderungen erfüllt sind, vergebe ich dem Heiligen Land zuliebe alles übrige.«

»Und was soll ich tun, wenn der Herzog in Abrede stellt, daß er in diese Sache verwickelt ist?«

»Sagt ihm, daß er sich von dieser Anklage in einem Zweikampf reinwaschen kann und daß ich es ihm überlasse, Ort, Zeit und Art der Waffe zu bestimmen.«

Der Baron wollte sich schon zum Gehen wenden, um des Königs Befehle auszuführen, als der Einsiedler mit gemessenen Schritten auf ihn zu kam. Mit seinem Gewand aus Ziegenfell, seinem wirren Haar, seinem ausgemergelten Gesicht und den funkelnden Augen erinnerte er an einen jener Propheten aus der Bibel, die aus der Wüste kamen, um den Tyrannen im Namen Gottes Vorhaltungen zu machen.

Richard, der der Kirche und ihren Dienern gegenüber Hochachtung empfand, war über das Erscheinen des Einsiedlers nicht verärgert. Er grüßte ihn ehrfurchtsvoll und bedeutete gleichzeitig dem Baron, sich zu entfernen und die Befehle auszuführen.

Doch der Einsiedler hielt den Baron zurück und rief beschwörend: »Im Namen Gottes verbiete ich, daß diese grausame Herausforderung einem christlichen Fürsten überbracht wird, der noch dazu Euer Verbündeter ist. Richard Löwenherz, nehmt Abstand von dem gottlosen Auftrag, den Ihr dem Baron erteilt habt. Ihr seid von einer großen Gefahr bedroht, ich sehe auf Eurer Stirn schon das Zeichen des Todes.«

»Gefahr und Tod sind mir vertraute Gefährten!« antwortete Richard. »Guter Vater! Ich empfinde die größte Hochachtung vor Eurer Heiligkeit.«

»Nicht mir sollt Ihr Hochachtung entgegenbringen, sondern dem, in dessen Auftrag ich spreche; Ihm, dessen Grabstätte zu befreien Ihr versprochen habt. Ich flehe Euch an, haltet Euren Verbündeten die Treue. Richard Löwenherz, hört auf mich. Auf Knien flehe ich Euch an.«

»Erhebt Euch!« sagte der König und half dem Einsiedler, sich wieder aufzurichten. »Kniet nicht vor einem Menschen, der es gewohnt ist, sich Gott zu Füßen zu werfen. Sagt mir doch, welche Gefahr mir auflauert.«

»Von der Spitze des Turmes, der meinen Berg in der Wüste überragt, habe ich die Sterne befragt. Es gibt einen Feind oder einen König, der Eure Ehre und Eure Zukunft bedroht. Solltet Ihr in Eurem Stolz nicht Abstand nehmen von Euren Racheplänen und von der Weigerung, Eure Pflichten zu erfüllen, wird Euch die Gefahr, die Euch bedroht, vernichten.«

»Genug jetzt!« unterbrach ihn der König. »Das sind ja Reden eines Heiden. Ein Christ befragt nicht die Sterne, und die Gelehrten glauben nicht an sie. Ich habe nicht die Absicht, mit meinen Verbündeten zu brechen, aber wie wollen sie denn die Schmach tilgen, die man mir angetan hat?«

»Eben darüber soll ich im Auftrag des Rates mit Euch sprechen. Der König von Frankreich hat ihn einberufen. Die Heerführer wünschen, daß die englische Fahne wieder über dem Sankt-Georgs-Hügel weht. Sie haben eine hohe Belohnung für die Auslieferung des Übeltäters ausgesetzt. Sein Leib soll den Wölfen und Raben zum Fraß vorgeworfen werden.«

»Und was sagt der Herzog von Österreich, der doch das alles heraufbeschworen hat?«

»Er muß den Beweis seiner Unschuld erbringen.«

»Wird er sich dem Zweikampf stellen, den ich vorschlage?«

»Sein Eid verbietet es ihm, aber der Rat meint ...«

»Der Rat wird dem Zweikampf niemals zustimmen!« wetterte der König. »Aber es ist genug, ehrwürdiger Vater. Ihr habt den Fehler offengelegt, den ich um ein Haar begangen hätte. Es brächte mir wahrlich keinen Ruhm ein, mich mit einem solchen Herzog zu schlagen! Mit Vergnügen werde ich aber erleben, wie er einen Meineid schwört. Und ich werde nicht aufhören, Beweise zu fordern. Und wie werde ich erst lachen, wenn er gefoltert wird!«

»Friede, König Richard! Friede, im Namen der Christenheit! Wie kann ein Herrscher den anderen anklagen wollen? Warum wollt Ihr Euren zahlreichen Tugenden die Wildheit eines Löwen zugesellen?«

Und schluchzend fuhr er fort: »Der Himmel, der alle unsere Fehler und Män-

gel kennt, hat Euren gewaltsamen Tod wohl zunächst verhindert, aber nicht aufgehoben. Euer Leben wird kurz und bejammernswert sein. Unglück und Gefangenschaft werden Euch treffen. Ihr werdet ohne Erben sterben. Euer Volk, der vielen Kriege müde, wird Euren Tod nicht beweinen!«

»Aber ich werde ruhmbedeckt sterben!« begehrte Richard auf. »Und die Königin wird mich beweinen. Das könnt Ihr, mein lieber Einsiedler, nicht begreifen!«

»Wie? Ich?« stieß der Einsiedler hervor. »Glaubt Ihr denn, ich hätte nie die Lieder der Spielleute gehört, nie die Liebe einer Frau gekannt? So wisset denn, König, daß ich von ebenso hoher Geburt bin wie Ihr! Ich hieß in der Welt Alberich von Montemar aus dem Hause Lusignan, dem auch der hochverehrte Held Gottfried enstammt!«

»Der berühmte Alberich von Montemar? Ist das möglich?«

»König Richard, hört mich an. Ich werde Euch ein großes Geheimnis anvertrauen. Ich brauche Euch weder an meine ruhmreiche Abkunft, noch an meinen Mut oder meine Gelehrsamkeit erinnern. Ich war vom Schicksal begünstigt und ich hätte mir eine Frau höchster Abkunft wählen können. Aber meine Liebe galt einem bescheidenen Mädchen aus dem Volke. Sein Vater war ein einfacher Kreuzfahrer. Als er entdeckte, daß wir uns liebten, begann er um die Ehre seiner Tochter zu fürchten. Als ich in den Krieg zog, schickte er sie in ein Kloster. Da packte mich plötzlich ein so unwiderstehlicher Rachedurst, daß ich den Vater tötete. Als die Tochter davon erfuhr, nahm sie sich das Leben. Unmittelbar danach ist mir die Schwere meiner Verfehlung zu Bewußtsein gekommen.«

»Unglücklicher, ich kann Eure Verzweiflung verstehen!«

»Bedauert mich nicht, Herr! Zieht eine Lehre daraus! Ihr seid so stolz, wie ich es einmal war, stets bereit, Euer Blut zu vergießen! Bekämpft Eure Grausamkeit, lernt, Euren Jähzorn zu zügeln! Tut es, solange noch Zeit dazu ist!« Dem Einsiedler brach die Stimme. Er hob die Arme, als wollte er um Hilfe flehen und die Augen traten ihm aus den Höhlen.

»Er ist außer sich, bringt ihn hinaus, Baron de Vaux!«

Dieser hatte die ganze Szene aus einem Winkel des Zeltes mit Staunen verfolgt.

»Ihr habt also ein Herz aus Stein«, schrie der Einsiedler. »Ihr beherzigt keinen meiner Ratschläge! Der Herr möge sich Eurer erbarmen!« Damit verließ er das Zelt.

»Er ist nichts weiter als ein armer Teufel«, sagte der König kopfschüttelnd. »Geht ihm nach, de Vaux, und gebt acht, daß ihm niemand etwas zuleide tut.«

Als der Baron nach kurzer Zeit zurückkam, berichtete er, daß der Einsiedler auf einen hölzernen Aufbau gestiegen sei, um zu den Dienstmannen und Kriegern zu reden. Er spreche ihnen Mut zu und ermahne sie, den Kampf um die Befreiung Palästinas fortzusetzen.

»Das gesamte Lager hört ihm zu. Und wenn Ihr meine Meinung wissen wollt, der Mann ist keineswegs verrückt! Er gleicht viel eher Johannes dem Täufer, als er in der Wüste predigte. Seit dem Einsiedler Petrus habe ich keinen Menschen mehr gehört, der mit solcher Begeisterung gesprochen hätte wie er!« schloß der Baron seinen Bericht.

Er hatte kaum geendet, da verlangte der Erzbischof von Tyros, von König Richard empfangen zu werden.

19

RICHARD LÖWENHERZ IM RAT DER KREUZRITTER

Der Erzbischof von Tyros war der geeignetste Botschafter, um König Richard die Nachricht zu überbringen. Jeder andere hätte sofort wieder seinen Zorn geweckt. Aber auch er mußte dabei seine ganze Gewandtheit zu Hilfe nehmen, denn der Beschluß des Rates machte alle Hoffnungen des Königs von England zunichte, das Heilige Grab doch noch in Besitz nehmen zu können.

Weiters meldete ihm der Erzbischof, daß Sultan Saladin alle Krieger seines Stammes versammelt habe und daß diese Machtentfaltung den christlichen Fürsten, die aus verschiedenen Gründen untereinander zerstritten waren, Angst eingejagt habe.

Philipp von Frankreich habe beschlossen, nach Europa zurückzukehren. Selbstverständlich könne der englische König den Kampf fortsetzen, aber allein.

Es war weniger schwierig als erwartet, dem König dies alles darzulegen. Zunächst wollte er zornig werden, hielt sich aber schließlich zurück und hörte sich sehr betrübt an, was der Erzbischof ihm zu sagen hatte. Er unterbrach ihn nicht einmal, als der Erzbischof durchblicken ließ, daß es gerade seine Zornausbrüche seien, die die anderen davon abhielten, weiter an seiner Seite zu kämpfen.

»Ich gebe zu, daß ich die Gewohnheit habe, immer gleich aufzubrausen«, sagte er niedergeschlagen. »Aber zwischen diesem Jähzorn und einer so schweren Strafe für den unschönen Wesenszug liegen doch wohl Welten! Wegen eines Wutanfalles möchten sie mich um den Ruhm bringen? Nein, so wird das nie und nimmer geschehen!«

Dann faßte er sich wieder und rief: »Beim heiligen Georg! Mein Grab sollt ihr mit meiner Fahne bedecken, wenn es mir nicht gelingt, sie auf der Spitze des Turmes von Jerusalem aufzupflanzen!«

»Das kann Euch durchaus gelingen, und ohne neuerliches Blutvergießen«, bemerkte der Erzbischof beiläufig.

»Wollt Ihr auf einen Vertrag anspielen?«

»Um den Ritterstand zu ehren und aus Hochachtung vor Eurem Namen ist Sultan Saladin bereit, allen Pilgern den Zutritt ins Heilige Land zu gestatten. Damit ihre Unantastbarkeit gesichert sei, hat er die Absicht, Euch, Richard, den Titel eines Königs von Jerusalem zu verleihen!«

»Was?« schrie Richard und riß die Augen auf. »Ich soll Hüter der Heiligen Stadt sein? Selbst wenn wir als Sieger eingezogen wären, hätte ich nicht im Traum daran gedacht ... Bildet sich Saladin ein, daß er noch immer der Herr im Heiligen Land ist?«

»Ja, aber als Verbündeter des Königs von England und, mit Eurer Erlaubnis, durch die Bande der Ehe, als Mitglied Eurer Familie.«

»Durch die Bande der Ehe?« sagte der König erstaunt, und die Überraschung war nicht so groß, wie der Erzbischof erwartet hatte. »Ach ja, mit Edith Plantagenet! Mein Gott, ja! Irgend jemand hat schon davon gesprochen, ich weiß nur nicht mehr, wer es war!«

»Das wird Theoderich, der Einsiedler von Engaddi, gewesen sein«, erwiderte der Erzbischof.

Richard dachte eine Weile nach, dann sagte er plötzlich: »Ein junges Mädchen aus meinem Hause soll einen Heiden heiraten?«

»Natürlich nur mit der Erlaubnis des Papstes und nicht ohne Eure Zustimmung«, beeilte sich der Erzbischof hinzuzufügen. »Außerdem hoffen wir, daß Saladin aus Anlaß dieser Eheschließung zum christlichen Glauben übertreten wird …«

»Wenn Ihr nur recht hättet«, seufzte der König. »Ich glaube, unter allen Rittern könnte ich keinen besseren Gatten für sie finden. Er beweist uns einmal mehr, daß er es mit jenen christlichen Fürsten, die nur ans Heimkehren denken, bei weitem aufnehmen kann …« Nach kurzem Überlegen sagte er dann sorgenvoll: »Wir wollen uns zum Rat begeben. Richard Löwenherz hat zwar den Ruf, hochfahrend und jähzornig zu sein, aber Ihr werdet sehen, mit welcher Demut und mit welcher Geduld ich versuchen werde, die freundschaftlichen Bande mit den christlichen Herrschern wieder neu zu knüpfen. Sollte es mir nicht gelingen, werde ich Euren Vorschlag überdenken.« Damit begab er sich in Begleitung des Erzbischofes zum Ort der Versammlung.

Des Wartens müde, zogen die Ratsmitglieder über den englischen König und seinen Stolz her, sie waren fest entschlossen, ihm einen kühlen Empfang zu bereiten. Aber sobald sie seine königliche Gestalt erblickten und sich seiner Tapferkeit erinnerten, sprangen sie wie ein Mann auf und schrien: »Es lebe der König von England, Richard Löwenherz! Ein langes Leben schenke ihm Gott unser Herr!«

Mit stolz erhobener Stirn und ernstem Blick grüßte König Richard die Anwesenden und erklärte, daß er glücklich sei, wieder an der Versammlung des Rates teilnehmen zu können. Dann fuhr er fort: »Dieser Tag ist wahrlich dazu geeignet, daß wir unsere Fehler eingestehen und uns wieder versöhnen. Edle Fürsten, als Mitstreiter in diesem heiligen Kreuzzug wißt ihr, daß Richard ein rauher Krieger ist. Es ist seine Art, schneller zuzuschlagen als zu reden. Und auch seine Sprache ist leider die eines Kriegers. Aber über einigen unangebrachten Worten solltet ihr doch nicht gleich vergessen, daß unser gemeinsames ehrenvolles Ziel die Befreiung Palästinas ist. Wir wollen doch nicht verzichten auf diesen Ruhm! Habe ich jemandem unter euch ein Unrecht angetan, bin ich bereit, es wiedergutzumachen.«

Nach einer kurzen Pause, wandte er sich an König Philipp: »Edler Bruder von Frankreich, habe ich Euch Unrecht getan?« Der König von Frankreich, der ihm nichts zu vergeben hatte, drückte ihm die Hand.

»Und der Herzog von Österreich?« fragte Richard, während er gemessenen Schrittes auf Herzog Leopold zuging. »Habt Ihr keinen Groll gegen den König von England? Und der englische König? Hat er Grund, sich über den Herzog von Österreich zu beklagen? Vergeben wir einander und retten wir so den Frieden und die Einheit in unserem Heer. Gebt uns die englische Fahne zurück,

und ich gebe zu, daß ich die österreichische Fahne in einem Anfall von Wut zerrissen habe.«

Der so angesprochene Herzog blieb abweisend.

Schließlich schaltete sich der Erzbischof ein. Er erklärte, daß der Herzog ihm in einem ernsten Gespräch versichert habe, daß er für die Entehrung der englischen Fahne nicht verantwortlich sei. »Wenn dem so ist, dann bitte ich Euch, mir zu vergeben, edler Herzog!« sagte Richard und ging mit ausgestreckter Hand auf den Herzog zu. Der aber gab seine feindselige Haltung nicht auf.

»Ihr verweigert mir also den Händedruck. Gut, ich nehme diese Weigerung als gerechte Strafe für mein Unrecht an«, sagte der König.

Damit ging er an seinen Platz und wandte sich von dort aus an die übrigen Versammelten: »Edler Graf der Champagne, Markgraf von Monferrat und Ihr, Großmeister der Templer, habt ihr mir irgend etwas vorzuwerfen? Ich bin hier, um mich zu entschuldigen!«

»Ich beschränke mich darauf, Euch aufmerksam zu machen, daß Ihr nach wie vor alle Huldigungen der Verbündeten allein für Euch beansprucht«, sagte der Markgraf.

Und der Templer schloß sich ihm an: »Und außerdem, wenn ich mit Eurer Erlaubnis etwas sagen darf, verwahren wir uns dagegen, daß Richard uns bei jeder Gelegenheit seinen Willen aufzwingt und uns behandelt, als wären wir ganz gewöhnliche Lehnsleute und nicht unabhängige Fürsten!«

Als Richard die offenen Vorwürfe hörte, die ihm wegen seines Verhaltens gemacht wurden, stieg ihm die Röte ins Gesicht. Beifälliges Gemurmel bewies ihm aber, daß der Großmeister Zustimmung fand.

So bezwang er mühsam seinen Zorn, ehe er ruhig antwortete:

»Ich habe immer geglaubt, daß meine Vorzüge meine Fehler ausgleichen würden. Bin ich im Kampf nicht stets in vorderster Linie? Der letzte, der den Rückzug antritt? Wenn ich in einem eroberten Lager meine Fahne hißte, war dies nicht die einzige Ehre, die ich für mich forderte, während die anderen sich die Beute teilten? Sicherlich habe ich der einen oder anderen eroberten Stadt meinen Namen gegeben, aber sie zu regieren, habe ich stets anderen überlassen. Gewiß mußte ich in der Hitze des Gefechtes auch Kämpfern, die mir nicht unterstanden, Befehle erteilen. Aber ich habe sie nie geringer als meine eigenen Leute geachtet. Ich finde es beschämend, daß ich euch an all das erinnern muß! Könnten wir nicht diesen alten Groll vergessen und einen Augenblick lang nur an die Gegenwart denken? Machen wir uns bereit, den Kampf wiederaufzunehmen. Glaubt mir, meine Freunde und meine Verbündeten, auf dem Vormarsch bis zum Heiligen Grab werdet ihr nicht eine Bosheit von mir zu fürchten haben. Ich trete die oberste Führung gerne ab, um als einfacher Streiter zu kämpfen. Wählt euch einen Heerführer.«

Und voll Überzeugung fügte er noch hinzu: »Solltet ihr aber je genug haben von diesem Krieg, gebt mir zehn- oder fünfzehntausend von euren Leuten und ich sage euch, ich nehme Jerusalem ein!« Und dabei hob er den Arm, als sehe er seine Fahne schon hoch über Jerusalem wehen.

»Ja, Jerusalem wird unser sein. Und nicht König Richard, sondern wer immer die Erreichung dieses Zieles möglich macht, soll den Ruhm dafür ernten!«

Seine entschlossene Stimme gab den Kreuzrittern wieder Mut.

Seine zündenden Worte begeisterten alle übrigen Anwesenden. Sie riefen im Chor: »Richard Löwenherz, führe uns nach Jerusalem!« Diese Rufe waren im weiten Umkreis zu hören, und auch die einfachen Gefolgsleute faßten wieder Mut und antworteten auf den Ruf der Fürsten: »Jerusalem! Jerusalem! Richard Löwenherz!«

Die Mitglieder des Rates hatten sich mittlerweile zerstreut. Alle schienen darauf zu brennen, möglichst bald anzugreifen. Die Anführer des Kreuzzuges erfüllte neue Begeisterung. Der Markgraf und der Großmeister jedoch besprachen vor ihren Zelten mit gedämpfter Stimme den Verlauf der Versammlung. »Da seht Ihr es!« flüsterte der Großmeister. »Richard braucht nur zu reden, und schon hat er die einfältige Masse hinter sich, wie Strohhalme im Sog des Windes.«

»Aber sobald der Wind sich legt, fallen auch die Strohhalme wieder zur Erde«, murmelte der Markgraf.

»Der von Euch ausgeheckte Plan mit der englischen Fahne ist ja jämmerlich gescheitert«, sagte der Großmeister. »Von nun an werde ich mich nicht mehr auf Euch verlassen, sondern nur noch meine eigenen Pläne ausführen. Kennt Ihr den Volksstamm, den die Sarazenen ‚Charqiyin' nennen? Das sind Araber, die vor nichts zurückschrecken, wenn es um ihre religiösen Überzeugungen geht. Einer von ihnen hat sich zum Ziel gesetzt, den englischen König zu töten. Der Plan ist aufgedeckt worden und er ist nun mein Gefangener. Ich brauche ihn bloß freizulassen, und schon ist es um Richard geschehen. Könnt Ihr mir folgen?«

»Still! Kein Wort mehr darüber!« unterbrach ihn der Markgraf aufgeregt.« Es ist ein erschreckender Plan, aber wir haben keine Zeit mehr zu verlieren.«

»Ganz gefahrlos ist die Sache allerdings nicht. Denn ich muß meinen Knappen ins Vertrauen ziehen. Seine Aufgabe wird es sein, dem bewußten Sarazenen einen Dolch zu bringen, damit er seine Tat vollbringen kann.«

20

IM LAGER HERRSCHT WIEDER FRIEDEN

Richard, der von dieser Verschwörung gegen ihn keine Ahnung hatte und glücklich war, daß die christlichen Fürsten ihn nun wieder unterstützten, hielt jetzt auch die Zeit für gekommen, in der eigenen Familie wieder Frieden zu machen.

In erster Linie wollte er nachforschen lassen, wo die englische Fahne geblieben war, aber auch Lady Ediths Gefühle für den schottischen Ritter waren ihm nicht gleichgültig. Er ließ daher durch Baron de Vaux die Hofdame der Königin, Lady Calista, zu sich bitten.

»Um Gottes willen!« rief die Hofdame zitternd. »Was soll ich denn dem König sagen? In seinem Zorn ist er imstande, uns alle, wie wir da sind, zu töten!«

»Habt keine Angst, Lady Calista!« beruhigte sie der Baron. »Der König hat dem schottischen Ritter vergeben, der doch der Hauptschuldige war, er hat ihn sogar der Obsorge des sarazenischen Arztes anvertraut; er wird auch einer Dame gegenüber nicht strenger sein, selbst wenn sie wider Erwarten schuldig sein sollte!«

Diese Worte beruhigten Lady Calista, und sie folgte de Vaux zum König. Sie gestand, wie sie mit Hilfe des Zwerges den Leopardenritter von seinem Posten weggelockt hatte. Sie scheute sich auch nicht, Lady Edith von jeder Schuld reinzuwaschen und die Königin zu belasten. Sie wußte, wie sehr der König in seine Frau verliebt war und daß er ihr gewiß alle ihre Streiche vergeben würde. Tatsächlich sagte der König, daß er nicht mehr aufgebracht sei deshalb und daß alles wieder in Ordnung kommen werde. Lady Calista eilte sofort zur Königin und meldete ihr, daß der König kommen und ihr vergeben wolle, keineswegs aber aus Schwäche!

»So steht es also?« sagte die Königin erleichtert. »Wahrhaftig, Ihr werdet gleich erleben, mit welcher Leichtigkeit ich mir den großen Kriegshelden unterwerfe!« Als der König eintraf, war er überzeugt, daß die Königin sich seine Vorhaltungen ohne Widerstreben anhören werde. Er sah sich dann aber einer Gesprächspartnerin gegenüber, die bereit war zu kämpfen. Sie wußte, daß er sie liebte,

daß er sie anbetete. Und so schenkte sie allem, was er ihr sagte, nicht einen Augenblick Gehör. Sie warf ihm weinend vor, daß er sie so lange habe leiden lassen. Ganz verblüfft suchte der König, sie zu beruhigen. Er verteidigte sich damit, daß er Sir Kenneth doch begnadigt habe und daß dieser sich in der Obsorge des sarazenischen Arztes befinde. Aber er erreichte damit genau das Gegenteil von dem, was er gehofft hatte.

Sie weinte nur noch heftiger und warf ihm vor, daß er einem Heiden eine Gunst gewährt habe, um die sie, die Königin, auf Knien, vergeblich gebeten hatte.

Nun war aber die Geduld des Königs zu Ende: »Berengardis! Dieser Arzt hat mir das Leben gerettet. Sollte Euch das wichtig sein, dann macht mir keine Vorwürfe. Ich habe ihm nur die Belohnung gegeben, die er dafür verlangte!«

Die Königin war sich bewußt, daß sie zu weit gegangen war und begann zu schmeicheln. Sie beteu-

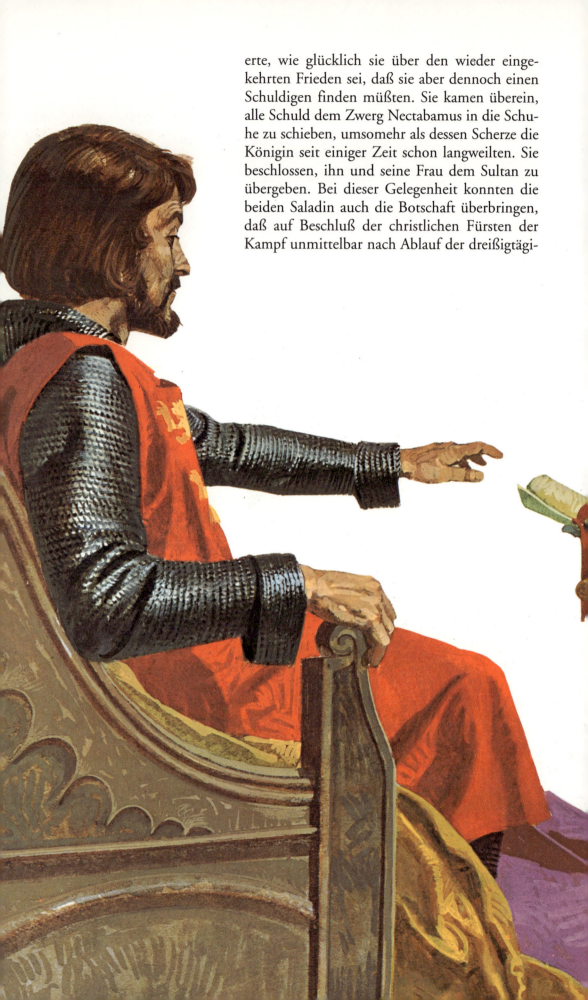

erte, wie glücklich sie über den wieder eingekehrten Frieden sei, daß sie aber dennoch einen Schuldigen finden müßten. Sie kamen überein, alle Schuld dem Zwerg Nectabamus in die Schuhe zu schieben, umsomehr als dessen Scherze die Königin seit einiger Zeit schon langweilten. Sie beschlossen, ihn und seine Frau dem Sultan zu übergeben. Bei dieser Gelegenheit konnten die beiden Saladin auch die Botschaft überbringen, daß auf Beschluß der christlichen Fürsten der Kampf unmittelbar nach Ablauf der dreißigtägigen Waffenruhe wieder beginnen werde. Nun mußte der König noch mit Lady Edith sprechen. Ihre Vorwürfe fürchtete er weniger als das Gejammer der Königin.

Er bat um ein Gespräch unter vier Augen.

Lady Edith empfing ihn in dem Raum, der unmittelbar an die Gemächer der Königin anschloß. Sie empfing ihn so kühl, daß der König ganz erschüttert war.

»Liebe Nichte«, sagte er, »ich gebe zu, daß ich Euch mißtraut habe, obwohl Euer Verhalten nicht den geringsten Anlaß dazu gab. Könnt Ihr mir vergeben?«

»Wer könnte es schon wagen, König Richard die Vergebung zu verweigern?« fragte Prinzessin Edith kalt.

»Liebe Nichte, Ihr geht hart mit mir ins Gericht. Ich habe Euch noch nie so abweisend gesehen. Warum aber tragt Ihr einen schwarzen Schleier auf dem Kopf? Ihr wißt doch sehr genau, daß zur Trauer kein Anlaß besteht. Warum also?«

»Ich trauere über die verlorene Ehre der Plantagenets, über die Schande, die unsere Familie befleckt. Ein König hat das Recht zu vergeben und zu strafen. Aber es ist eines christlichen Königs unwürdig, einen Kreuzritter als Sklaven an einen Heiden auszuliefern. Um Eure Rachegelüste zu befriedigen, habt Ihr die Christenheit eines ihrer tapfersten Ritter beraubt. Ihr habt ihn den Feinden unseres Glaubens ausgeliefert. Liegt da nicht der Schluß nahe, daß Ihr Euch seiner entledigt habt, weil Ihr fürchtet, daß seine Tapferkeit die Eure in den Schatten stellen könnte?«

»Ich? Ich sollte eifersüchtig sein auf diesen Ritter?« rief der König betroffen aus. »Ich wollte, er wäre da, damit Ihr sehen könnt, wer von uns beiden der Bessere ist! Ihr wißt nicht, was Ihr redet! Schließlich hat Sir Kenneth sein Wort gebrochen. Übrigens, warum verachtet Ihr diesen Heiden so tief? Wer weiß, vielleicht werdet Ihr eines Tages einen ehrlichen Heiden einem wortbrüchigen Ritter vorziehen?«

»Niemals! Selbst dann nicht, wenn König Richard, der nach Palästina gekommen ist, um diese verhaßte Religion zu bekämpfen, sich nun zu ihr bekehren sollte!«

»Ihr wollt das letzte Wort haben, liebe Nichte. Gut, es soll so sein. Ihr könnt von mir denken, was Ihr wollt, Edith, ich werde immer und in allem Euer Freund bleiben, und ich werde Euch stets beschützen.«

Es waren vier Tage vergangen, seit Sir Kenneth mit dem Sarazenen das Lager verlassen hatte. König Richard saß in seinem Zelt nahe beim Eingang und genoß die hereinströmende Abendkühle. Er war allein.
Baron de Vaux war im Auftrag des Königs nach Askalon geritten, um Verstärkung und Waffen zu holen. Die meisten Gefolgsleute waren dabei, sich auf die kommenden Kämpfe vorzubereiten. Am nächsten Tag sollte eine große Heerschau stattfinden. Zufrieden sah der König zu, wie alle eifrig an der Arbeit waren, als plötzlich ein Knappe vor ihn hintrat und meldete, daß ein Bote Sultan Saladins angekommen sei, und König Richard zu sprechen wünsche.
»Führt ihn ins Lager und seht zu, daß er würdig empfangen wird«, befahl der König. Wenig später kehrte der Knappe mit einem Mann zurück, der dem Aussehen nach ein nubischer Sklave war. Sein Äußeres erregte auf jeden Fall Neugier.
Er war groß und stark und hatte trotz der schwarzen Hautfarbe nicht die dafür charakteristischen Gesichtszüge. Über dem schwarzen Haar trug er einen weißen Turban und um die Schultern einen weiten gelben Mantel. Er hatte einen wunderschönen weißen Jagdhund bei sich, dessen Halsband mit Gold und Seide bestickt war. Als er vor den König trat, verneigte er sich tief. Er überreichte ihm ein Geschenk und einen Brief des Sultans. Der Brief war in arabischer Sprache abgefaßt, die Übersetzung war, wie üblich, beigefügt:

»Saladin, der König der Könige, an Richard, den Löwen von England! Ich habe Eure letzte Botschaft erhalten und daraus entnommen, daß Ihr den Krieg dem Frieden und die Feindschaft dem Bündnis vorzieht. Mit Hilfe der unbezwingbaren Stärke meiner zahllosen Stämme hoffe ich Euch besiegen zu können, sobald Ihr einen Irrtum begeht. Inzwischen danke ich Euch für die beiden Zwerge. Als Gegengeschenk für Eure Großzügigkeit, bitte ich Euch, diesen nubischen Sklaven anzunehmen. Beurteilt ihn nicht nach seiner Hautfarbe, sondern wisset, daß er den Befehlen seines Herrn pfeilschnell gehorcht. Er ist zwar stumm, sobald Ihr aber gelernt habt, ihn zu verstehen, werdet Ihr merken, daß seine Ratschläge sehr klug sind. Ich empfehle ihn Euch von ganzem Herzen und hoffe, daß er Euch nützlich sein wird. Werdet bald ganz gesund, damit Allah über unser Schicksal im Kampf entscheiden kann.«

Als Richard den Brief gelesen hatte, betrachtete er den Nubier stumm. Der Mann stand vor ihm, ohne sich zu bewegen, wie eine herrliche Marmorstatue.
»Bist du Heide?« fragte ihn der König.
Der Sklave hob eine Hand zur Stirn und machte ein Kreuzzeichen.
»Gut, also du bist ein nubischer Christ! Kannst du eine Rüstung pflegen und einen Ritter einkleiden?«
Der Sklave nickte mit dem Kopf.
»In diesem Fall, glaube ich, daß ich dich brauchen kann. Und um dem Sultan zu beweisen, wie sehr ich sein Geschenk zu schätzen weiß, werde ich dich in meine persönlichen Dienste nehmen. Da du nicht sprechen kannst, wirst du auch nicht überall herumerzählen können, was du hier zu hören bekommst.«
Der Nubier verbeugte sich neuerlich vor dem König und wartete auf dessen Befehle.
»Der Schild dort ist voll von Rostflecken«, stellte der König fest. »Ich wünsche, daß er an dem Tag, da ich mich mit Saladin messe, ebenso hell erstrahlt wie meine Ehre und die des Sultans. Auf, an die Arbeit!«
Währenddessen war Sir Neville eingetreten und überbrachte dem König einige Briefe aus England.
»Aus England!« brummte der König neugierig, aber ohne jede Begeisterung. »Meine Untertanen sind sehr weit. Sie können sich nicht vorstellen, was ich hier inzwischen erdulden mußte. Mitten unter herzlosen Freunden und anmaßenden Feinden.«
Als er die Briefe gelesen hatte, rief er außer sich: »Und die Briefe stammen noch dazu von einer Regierung, die wahrlich keinen Grund hat, sich zu freuen!«
Die Briefe enthielten tatsächlich kaum eine gute Nachricht. Die Brüder des Königs lagen im Streit, im Volk gab es blutige Aufstände gegen die Unterdrückung durch den Adel. Die verläßlichsten Ratgeber flehten ihn an, in sein Land zurückzukommen. Es stehe ein Bürgerkrieg bevor, aus dem Schottland und Frankreich gewiß Vorteile ziehen würden. Diese schlechten Nachrichten beschäftigten den König so sehr, daß er gar nicht merkte, was rund um ihn vor sich ging.
In einem Winkel des Zeltes war der nubische Sklave eifrig dabei, einen einfachen Schild, ohne Wappen oder Verzierung, so blank zu putzen, daß er wie ein Spiegel glänzte.

Inzwischen aber hatte sich ein Sarazene ganz heimlich ins englische Lager geschlichen und unauffällig unter die Wachen des Königs gemischt. Die christlichen Fürsten hatten die Gewohnheit angenommen, sich mit arabischen Gauklern, Musikern und Händlern zu umgeben, daher fand es niemand sonderbar, daß der Sarazene im Lager umherlief. »He du, Gaukler! Tanz' uns etwas!« riefen die Wachen ihm zu, froh über diese Zerstreuung. »Tanz' oder wir verprügeln dich, los tanz'!«

Der Sarazene gehorchte und fing wie ein Verrückter zu tanzen an. Auf diese Weise gelang es ihm, sich unmerklich dem Zelt des Königs zu nähern. Unmittelbar davor brach er, völlig außer Atem, zusammen.

»Wir müssen ihm etwas zu trinken geben«, sagte einer der Wächter. »Diese Gaukler haben immer Durst, wenn sie mit ihrer Vorstellung fertig sind.«

Und sie füllten eine große Schale mit Zypernwein und

gaben ihm zu trinken. Der Sarazene machte zwar einen wenig überzeugenden Versuch, den verbotenen Trank zurückzuweisen, aber die Wachen zwangen ihn zu trinken. Der Mann sah ein, daß ihm nichts anderes übrig blieb und trank die Schale aus. Die Wachen brachen in Gelächter aus.
»Ruhe da draußen!« wetterte Richard. »Habt ihr denn keine Achtung vor eurem König?«
Sofort war es wieder still und jeder kehrte an seinen Platz zurück. Einige Wächter machten noch den Versuch, den Sarazenen wegzuzerren, aber der Mann war zu Tode erschöpft und dazu berauscht vom schweren Wein. Er jammerte so sehr, daß die Wachen beschlossen, ihn nicht mehr zu stören. Sie ließen ihn liegen, wo er lag, weil sie überzeugt waren, daß er ohnehin sofort in den Schlaf des Trunkenen sinken werde.

21

DAS GESCHENK DES SULTANS

Dann geschah einige Zeit lang nichts vor dem Zelt des Königs. Drinnen saß Richard, ganz in Gedanken, und las von Zeit zu Zeit eine oder die andere Zeile aus den Briefen, die er aus England erhalten hatte. Der nubische Sklave putzte den großen Schild, ohne sich von der Stelle zu rühren. Draußen gingen die Wachen eifrig auf und ab, während der Sarazene berauscht und wie leblos vor dem Zelt lag.

Der nubische Sklave hatte den Schild so gut poliert, daß sich in ihm alles spiegelte, was im Zelt und vor seinem Eingang vor sich ging. Er war daher nicht allzu überrascht, als er in dem blanken Schild plötzlich sah, wie der unbeachtet daliegende Sarazene mit einemmal den Kopf hob. Nach der Art, wie er heimtückisch um sich sah, war klar, daß er keineswegs betrunken war. Da er sich unbeobachtet glaubte, schob er sich langsam näher an den Eingang des königlichen Zeltes heran. Aber der Sklave verfolgte mit Hilfe des Schildes wie durch einen Spiegel auch die geringste seiner schlangenartigen Bewegungen und hielt sich bereit, um sofort einzugreifen.

Inzwischen war der Sarazene bis auf wenige Schritte an den König herangekommen. Plötzlich richtete er sich auf und stürzte sich, einen Dolch in der Hand, wie ein Raubtier auf den König. Aber der Sklave war noch schneller. Pfeilschnell sprang er aus seinem Winkel vor, umschloß den Angreifer mit beiden Armen und drückte ihn fest an sich. Wütend, daß sein Plan vereitelt war, versuchte der Mann, den Dolch gegen den Nubier zu richten und verletzte ihn dabei leicht.

Erst da merkte Richard, was vor sich ging. Er warf sich auf den Sarazenen und versetzte ihm einen tödlichen Schlag. Dann wandte er sich den Wachen zu, die inzwischen herbeigeeilt waren, und sagte vorwurfsvoll: »Ihr seid mir schöne Wächter! Los, schafft diesen Kerl weg! – Und du, stummer, schwarzer Freund«, begann er. »Aber, was hast du, bist du verletzt? Diese Waffe war bestimmt vergiftet. Auf solche Weise wollte der Elende mich also töten! Schnell, diese Wunde muß ausgesaugt werden!«

Die Wächter, die noch herumstanden, sahen einander verlegen und sprachlos an.

»Habt ihr etwa Angst?« forschte der König. »Ich habe noch nie einen Befehl gegeben, den auszuführen ich selbst nicht den Mut gehabt hätte!« Und ohne Zögern beugte er sich über die Wunde und saugte sie aus. Sobald der Sklave ihm seinen Arm entziehen konnte, versteckte er ihn unter einem Tuch. Mit Gesten gab er dem König zu verstehen, daß er nicht wolle, daß der König es noch einmal versuche.

Da stürzte Sir Neville ins Zelt und warnte den König vor der Gefahr, in die er sich durch das Aussaugen der Wunde begeben hatte.

Wütend gebot ihm der König zu schweigen.

»Genug! Ich wollte den Dummköpfen da bloß zeigen, wie sie sich bei der Gefahr einer Vergiftung gegenseitig helfen können! Neville, nehmt den Sklaven mit in Eure Unterkunft und behaltet ihn im Auge!«

Dann flüsterte er ihm noch ins Ohr: »Ich vertraue diesem Nubier nicht ganz. Gebt acht, daß er das Lager nicht verläßt.«

Und zur Wache gewandt sagte der König schließlich: »Und ihr geht wieder auf eure Posten! Und seid in Hinkunft wachsamer!«

Die Wachen verließen das Zelt mit hängenden Köpfen, und Sir Neville gestand dem König, daß er so eine Nachlässigkeit nicht so leicht vergeben hätte.

»Ihr möchtet also, daß ich bei einem Angriff gegen mich strenger bin als bei einem Angriff auf die englische Fahne?« fragte der König ruhig. »Ein elender Verräter hat sie mir gestohlen, ohne daß ich die Möglichkeit hätte, mich an ihm zu rächen!«

Dann wandte er sich dem Sklaven zu: »Mein nubischer Freund! Wie der Sultan schreibt, bist so klug wie schlau. Ich schenke dir einen Sack Goldstücke, wenn es dir gelingt, dieses Rätsel aufzuklären!

Der Sklave schien etwas sagen zu wollen, denn seine klugen Augen schauten den König fest an, und gleichzeitig machte er eine zustimmende Geste.

»Was? Du könntest dieses Rätsel lösen? Aber wie sollen wir es anstellen, damit wir dich verstehen? Kannst du schreiben, mein Lieber?«

Als der Sklave nickte, ließ der König einen Gänsekiel und ein Tintenfaß bringen. Der Nubier begann sofort zu schreiben. Als er fertig war, verbeugte er sich tief vor dem König und hielt ihm das Blatt hin. Darauf stand geschrieben:

»An Richard, den unbesiegbaren, stets siegreichen König von England, von dem niedrigsten seiner Sklaven. Die Rätsel, die der Himmel billigt, sind sorgfältig verschlossen. Aber die Klugheit ist imstande, die Schlüssel zu diesem Geheimnis zu liefern. Laßt alle Anführer der christlichen Heere vor Eurem Sklaven erscheinen und er wird Euch den Schuldigen zeigen, selbst dann, wenn seine Schuld hinter sieben Schleiern verborgen ist.«

»Beim heiligen Georg!« rief der König aus. »Ihr wißt doch, Neville, daß meine Leute sich morgen versammeln müssen. Und alle Fürsten haben zugesagt, daß sie sich vor der Fahnenstange der englischen Fahne aufstellen werden, um sie mit allen Ehren zu grüßen. Der Verräter wird anwesend sein, da er jeden Verdacht vermeiden muß. Gebt unserem Ratgeber samt seinem Jagdhund einen guten Platz, damit er alles überblicken kann. Sobald er den Verräter entlarvt hat, laßt Ihr mich dann handeln!«

»Majestät«, sagte Sir Neville ernst, »überlegt Euch, was Ihr da vorhabt. Eben erst ist es gelungen, in unserem heiligen Bündnis die Einigkeit wiederherzustellen. Ihr wollt doch nicht über dem Hinweis eines Sklaven schon wieder vergessen, was Ihr im Rat versprochen habt?«

»Neville, Euer Übereifer macht Euch blind!« unterbrach ihn der König. »Ich habe dem Rat nicht versprochen, daß ich nichts unternehmen werde, um den zu finden, der die englische Fahne entehrt hat.«

»Und wer sagt Euch, daß der Sklave Euch nicht zum Besten hält?«

»Ich hätte Euch für schlauer gehalten, Neville! Ich sehe etwas an diesem Nubier, das Ihr nicht sehen könnt! – Und du, nubischer Freund, sieh zu, daß du Wort hältst. Ich werde dich reich dafür belohnen. Du schreibst noch etwas? Laß sehen, was du noch zu sagen hast!«

Damit ergriff er das Blatt, das ihm der Sklave hinhielt, und las:

»Der Wille des Königs ist Gesetz. Der Sklave will keine Belohnung. Er tut nur seine Pflicht.«

Plötzlich runzelte der König die Brauen: »Da schreibt er doch tatsächlich, daß er Lady Edith eine Botschaft vom Sultan zu überbringen hat!«
»Ich verstehe nicht, Majestät, wie Ihr Euch diese Unverschämtheit noch länger gefallen lassen könnt! Ginge es nach mir, wäre er längst tot!« rief Neville verärgert.
»Ich seid viel zu streng mit einem Menschen, der ja nur die Befehle seines Herrn ausführt und mir das Leben gerettet hat! Es ist wirklich seltsam! Erst hat mir dieser Sklave einen großen Dienst erwiesen, und nun ist er so unverschämt, daß er alles verdirbt. Was soll ich tun? Soll ich ihn belohnen, soll ich ihn bestrafen? Solange das so weiter geht, will ich mit ihm nichts mehr zu tun haben! Nehmt Ihr ihn, Neville, und seht zu, daß er ordentlich behandelt wird. Und noch etwas«, fügte Richard leise hinzu. »Holt mir den Einsiedler Theoderich von Engaddi. Ich will mit ihm unter vier Augen sprechen!«
Sir Neville verbeugte sich zum Abschied und gab dem Sklaven ein Zeichen, ihm zu folgen.

22

SIR KENNETH KEHRT IN DIE WÜSTE ZURÜCK

Was aber war inzwischen mit dem unglücklichen Leopardenritter geschehen, den der König der Obsorge des sarazenischen Arztes anvertraut hatte? Völlig niedergeschmettert war Sir Kenneth seinem neuen Herrn gefolgt. Im Zelt El Hakims warf er sich ohne ein Wort auf ein Büffelfell nieder. Er verbarg sein Gesicht in den Armen und lag da, völlig vernichtet.

El Hakim, der seinem Gefolge den Befehl zum Aufbruch erteilen wollte, näherte sich ihm vorsichtig und wollte ihn trösten. Als er sah,

daß alles Bemühen umsonst war, hielt er es für besser, den Ritter einige Zeit allein zu lassen.

Es war Mitternacht und Sir Kenneth hatte noch immer keinen Schlaf gefunden. Er bemerkte, daß vor dem Zelt hin und her gegangen wurde, und daß die Diener El Hakims dabei waren, die Kamele für die Abreise zu beladen. Wenig später trat ein Diener ins Zelt und sagte ihm, daß die Pferde bereit stünden.

Sir Kenneth stieg auf das Pferd, das für ihn bestimmt war, dann sprach El Hakim ehrfürchtig einen Vers aus dem Koran: »Möge Allah uns geleiten und möge Mohammed uns beschützen in der Wüste wie in der fruchtbaren Ebene.« Dann gab er das Zeichen zum Aufbruch. Nachdem sie das Lager der Kreuzfahrer verlassen hatten, formierten sich die Sarazenen wie eine Streiterschar.

Sir Kenneth ritt neben El Hakim einher, nicht ohne noch einmal traurig und vorwurfsvoll zum Lager zurückzuschauen. El Hakim gab ihm zu bedenken, daß es unvernünftig sei, sich umzudrehen, wenn der Weg vor einem liege. Sir Kenneth beugte sich über sein Pferd und achtete auf nichts anderes mehr.

»Mit einem Pferd ist es wie mit dem Glück«, bemerkte El Hakim nach einer Weile. »Gerade wenn es schön gleichmäßig dahinläuft, muß der Ritter seine Aufmerksamkeit verdoppeln, um falsche Tritte zu vermeiden.«

»Erteilt mir keine guten Lehren über die Unsicherheit des Glücks!« sagte Sir Kenneth gereizt. »Mir wäre es nur recht, wenn das Pferd mich aus dem Sattel wirft und ich mir dabei den Hals breche!«

»Mein Lieber, Ihr redet wie ein Narr!« antwortete El Hakim. Er war es müde, jemandem Ratschläge zu erteilen, der sich nicht helfen lassen wollte, und so gab er einem Reiter aus seinem Gefolge ein Zeichen, an seine Seite zu kommen.

»Hassan, könntest du uns nicht eine Geschichte erzählen, die uns diese Eintönigkeit vertreibt?« fragte er.

Hassan, der Dichter und Geschichtenerzähler, nickte zustimmend. Er ritt neben El Hakim und Sir Kenneth her und begann eine Liebesgeschichte zu erzählen. Auch von großen Waffentaten erzählte er, wie sie die persischen Dichter besingen. Unter anderen Umständen hätten diese Erzählungen Sir Kenneth sicherlich begeistert, aber mißmutig wie er war, hörte er nur Bruchstücke davon.

Plötzlich rüttelte ihn das wilde Gebell eines Hundes auf. Er saß in einem Käfig, der auf den Rücken eines Kamels geschnallt war. Sir Kenneth erkannte seinen Jagdhund.

»Ach du armer Roswal«, klagte er, »du möchtest, daß ich dir helfe, und dabei ist mein Sklavendasein noch schlimmer als dein Los!«

Die Nacht verstrich. Als die ersten Sonnenstrahlen die Wüste erhellten, unterbrach El Hakim den Erzähler. Er rief alle zum Gebet, so wie es die Muezzins von den Minaretten der Moscheen tun: »Betet! Betet! Allah ist Gott und Mohammed ist sein Prophet! Betet! Betet!«

Die Muselmanen stiegen sofort von ihren Pferden. Das Gesicht nach Mekka gerichtet, sprachen sie ihre Gebete. Sie flehten um den Schutz Allahs und seines Propheten Mohammed und baten um Vergebung für ihre Sünden.

Da Sir Kenneth seine Reisebegleiter für Götzendiener hielt, konnte er ihre Frömmigkeit nicht begreifen. Er betete auf seine Weise und fand darin großen

Trost. Alle saßen wieder auf und die Reise ging weiter. Wenig später kehrte ein Reiter, der auf einen Hügel gesprengt war, zu El Hakim zurück und sagte etwas zu ihm. Andere Reiter wurden als Späher ausgeschickt, während die übrigen ihnen mit den Blicken folgten. Indessen war die Karawane auf der Höhe eines Hügels angelangt.

Nun sahen es alle. Eine schwarze Kolonne bewegte sich auf sie zu. An dem Blitzen ihrer Rüstungen erkannte Sir Kenneth, daß es christliche Reiter waren.

»Ich glaube, es sind christliche Reiter«, sagte er zu El Hakim. »Was habt ihr zu befürchten?«

»Zu befürchten?« rief El Hakim verächtlich. »Der Weise fürchtet Gott allein! Aber bei Leuten dieser Art müssen wir uns auf das Schlimmste gefaßt machen!«

»Es sind christliche Reiter, und wir haben doch einen Waffenstillstand geschlossen?«

»Diese Reiter dort sind Templer! Und für sie kommt die Unterzeichnung eines Waffenstillstandes mit den Anhängern des Islam nicht in Frage. Der Prophet möge sie vernichten bis zum letzten Mann! Richard Löwenherz verschont die Besiegten! Philipp, der Adler, hat nicht zugestoßen, wenn er seine Beute töten konnte! Selbst der Österreicher hat sich dem Schlaf hingegeben, wenn er gesättigt war. Aber diese Reiter kennen kein Erbarmen. Achtung, sie schicken ihre Anführer vor! Da sie ohne Rüstung sind, können sie schneller reiten. Sie wollen uns den Weg zur Quelle abschneiden. Aber ich werde ihnen einen Streich nach meiner Art spielen! Bleibt an meiner Seite!«

»Das sind meine Waffenbrüder, El Hakim! Ich habe einen Eid geleistet, an ihrer Seite zu kämpfen und mit ihnen zu sterben!« rief Sir Kenneth verzweifelt. »Ihre Fahnen tragen das Zeichen des Heiles. Ich kann doch vor dem Kreuz nicht fliehen!«

»Ihr seid ein Narr! Euch werden sie als ersten töten!«

»Dieses Wagnis muß ich auf mich nehmen! Ich will nicht Sklave bleiben, wenn ich eine Möglichkeit sehe, die Freiheit wiederzuerlangen!«

»Dann werde ich Euch wohl zwingen müssen, mir zu folgen!«

Daraufhin hob El Hakim die Hand und stieß einen durchdringenden Schrei aus. Das war das Zeichen für sein Gefolge, auseinanderzusprengen und sich so schnell wie möglich in der Wüste zu zerstreuen. Sir Kenneth hatte kaum Zeit zu begreifen, was um ihn her geschah. El Hakim hatte sich der Zügel beider Pferde bemächtigt und sie stoben wie der Wind davon. Es war, als würden sie den Boden gar nicht berühren! Sir Kenneth war zwar ein ausgezeichneter Reiter, aber selbst sein schnellstes Pferd wäre ihm langsam erschienen im Vergleich zu diesem Vollblut, auf dem er durch die Wüste fegte.

Es ging eine gute Weile so fort und sie wurden nicht eingeholt. Dann verlangsamte El Hakim das Tempo und nahm das Gespräch wieder auf, als hätten sie gerade einen Spazierritt gemacht.

Sir Kenneth war erschöpft und vom Sand wie ausgedörrt. Dieses unsinnige Tempo hatte ihn außer Atem gebracht und er hatte alle Mühe zu verstehen, was El Hakim sagte: »Diese Rassepferde sind unvergleichlich und ihre Schnelligkeit ist von unschätzbarem Wert. Das Eure ist bereits fünfundzwanzig Jahre alt und hat noch nichts von seiner Kraft eingebüßt. Gesegnet sei der Prophet, der uns dieses Mittel geschenkt hat, damit wir den Feinden entkommen kön-

nen, deren Tiere unter ihrer Last zusammenbrechen und im Sand versinken!«

Der Ritter mußte ihm recht geben, aber er zog ein finsteres Gesicht und schwieg.

Inzwischen hatte sich die Karawane wieder zusammengefunden und bald wurde eine Palmengruppe als einziger grüner Fleck in der Gegend sichtbar. Sir Kenneth erkannte, daß sie sich jener Quelle näherten, vor der er seinerzeit mit dem Emir zusammengetroffen war. Als sie dort angekommen waren, stieg El Hakim als erster vom Pferd und lud dann den Ritter ein, seinem Beispiel zu folgen: »Trinkt und eßt und klagt nicht. Ein kluger Mann sieht dem Schicksal ins Auge.«

Sir Kenneth hätte sich gerne dankbar und freundlich gezeigt, aber die Erinnerung an sein letztes Hiersein machte ihn traurig. Damals war er als Botschafter der christlichen Fürsten unterwegs gewesen und im Kampf gegen den Emir war er siegreich geblieben. Jetzt war er nichts als ein Sklave der Heiden. Er war erschöpft, sein Atem ging kurz und die Augen brannten wie

Feuer. »Der Geist nimmt zu an Kraft durch stete Wachsamkeit, aber der Körper verlangt nach Ruhe«, sagte El Hakim.
Er fühlte ihm den Puls. »Ich werde Euch einen Trank geben, den Allah uns gewährt hat zu unserem Wohl, solange wir keinen Mißbrauch damit treiben.«
Er ließ aus einer Flasche einige Tropfen in eine Schale Wasser fallen. Sir Kenneth leerte sie in einem Zug und sank bald in einen erholsamen Schlaf.

23

EL HAKIM UND DER EMIR SHEERKOHF

Als der Leopardenritter erwachte, glaubte er noch zu träumen. Das Gras war verschwunden; er lag in einem orientalischen Bett. Über seinem Kopf schimmerte anstatt des Palmengrüns schillernder Seidenstoff. Er blickte um sich und sah, daß alles andere genau so schön war wie sein Lager. Nur seine Rüstung war nicht mehr da. An ihrer Stelle lag ein herrliches Sarazenengewand mit einem Schwert und einer Keule, wie die Emire sie tragen.

Zunächst fühlte sich Sir Kenneth völlig verloren. Dann dachte er, daß El Hakim vielleicht beabsichtige, ihn zur muselmanischen Religion zu bekehren! Schnell bekreuzigte er sich. Er sagte sich, daß er dieses schöne Gewand nicht anziehen dürfe. Lieber wollte er im Bett abwarten, was geschah.

Doch bald störte El Hakims Stimme ihn aus dieser Ruhe auf. Hinter einer Zeltbahn, die den Eingang zum Zelt verschloß, hörte er ihn fragen, ob er gut geschlafen habe und ob er eintreten dürfe.

»Ein Herr braucht keine Bewilligung, wenn er bei einem Sklaven eintreten will!« antwortete Sir Kenneth finster.

»Ich komme nicht als Herr zu Euch«, sagte El Hakim.

»Auch ein Arzt besucht seine Kranken, wann er will.«

»Ich komme auch nicht als Arzt zu Besuch, ich brauche wirklich Eure Erlaubnis!«

»Wer als Freund kommt – und Ihr seid mir immer wie ein Freund begegnet –, kann ohne Furcht mein Zelt betreten.«

»Und wenn ich nicht als Freund käme?«

»So kommt schon herein!« schrie Sir Kenneth ungeduldig. Er konnte diese von den Muselmanen so geschätzten Wortspiele nicht leiden

»Ihr wißt sehr genau, daß ich Euch den Eintritt weder verwehren kann noch will!«

»Zugegeben! Aber ich muß Euch trotzdem sagen, daß ich ein ehemaliger Gegner von Euch bin, Ihr seid mir bei der Quelle begegnet, die den Namen ‚Diamant der Wüste' hat!« Damit trat der Sarazene ein und näherte sich Sir Kenneths Bett.

Sir Kenneth, der die Stimme zwar als die des Arztes erkannt hatte, war nun doch völlig verwirrt, als er in dem Eintretenden plötzlich Emir Sheerkohf wiedererkannte, dem er sich in der Wüste zum Kampf gestellt hatte.

»Ihr seid überrascht, daß ein Krieger auch gleichzeitig Arzt sein kann? Ein guter Ritter muß sowohl verwunden als auch heilen können!«

Bei diesen Worten schloß Sir Kenneth die Augen und stellte sich dazu El Hakims ernstes Gesicht vor. Aber als er die Augen wieder öffnete, hatte er die mächtige Gestalt des Emirs mit dem klaren Blick vor sich.

»Noch immer so erstaunt?« fragte der Emir. »Ihr habt die halbe Welt durchzogen. Habt Ihr dabei nicht erfahren, daß die Menschen nicht immer das sind, was sie zu sein scheinen? Seid Ihr selbst denn, was Ihr zu sein scheint?«

»Gewiß nicht!« rief Sir Kenneth erregt. »Die Christen in meinem Lager halten

mich für einen Verräter. Ich mag Fehler begangen haben, aber ich bin doch rechtschaffen geblieben!«

»Das ist auch meine Meinung. Deshalb ist mir auch soviel daran gelegen, Euch das Leben zu bewahren und Euren Ruf zu schützen. Aber warum seid Ihr noch im Bett? Die Sonne steht schon hoch am Himmel! Gefallen Euch am Ende die Kleider nicht, die ich für Euch vorbereitet habe?«

»Keineswegs, aber sie passen nicht zu meiner Lebensart. Gebt mir lieber meine Kleider wieder. Es kommt für mich nicht in Frage, daß ich den muselmanischen Turban trage!«

»Ihr seid ziemlich mißtrauisch! Wißt Ihr denn nicht, daß der Sultan den Übertritt nur denen erlaubt, die ihn tragen wollen? Zieht diese Kleider ohne Sorge an. Ginget Ihr im Lager als Kreuzritter umher, würde man Euch beschimpfen.«

»Wie? Ich kann mich im Lager wie ein freier Mann bewegen?«

»Ihr könnt hingehen, wo Ihr wollt. Mein vornehmster Gegner wird niemals mein Sklave sein!«

»Erlaubt mir, daß ich Euch für Eure ritterliche Haltung und für Eure Großzügigkeit danke!«

»O nein, ich stehe in Eurer Schuld! Als ihr mir von König Richard und seinem Hof erzählt hattet, wagte ich mich verkleidet in sein Lager. Ich hatte dort das Glück, ein wundervolles Wesen mit blondem Haar betrachten zu dürfen. Für mich steht es außer Zweifel, daß die Königin von England so schön ist, daß sie zugleich auch die Königin des Erdkreises ist!«

Bei diesen Worten verfinsterte sich Sir Kenneths Gesicht und er sagte streng: »Sarazene, Ihr sprecht von der Frau des Königs von England! An sie dürft Ihr nur mit der allerhöchsten Hochachtung denken!«

»Verzeiht! Ich hatte vergessen, daß Ihr Euch damit begnügt, die Frauen zu verehren! Ich muß gestehen, daß ich im Lager ein junges Mädchen mit braunem Haar entdeckt habe, mit einem so bezaubernden Gesicht, daß es Verehrung wohl verdiente. Es wäre sogar würdig, die Gattin Sultan Saladins zu werden!«

»Der Sultan ist nicht einmal würdig, den Boden zu küssen, auf den Edith Plantagenet ihren Fuß gesetzt hat!« stieß Sir Kenneth drohend hervor.

»Wie könnt Ihr es wagen, so etwas zu sagen?« brach nun auch der Emir los und griff nach seinem Dolch.

Aber der schottische Ritter, der dem Zorn König Richards getrotzt hatte, ließ sich vom Zorn des Emirs auch nicht tiefer beeindrucken.

»Ich verbürge mich, daß ich vor jedermann die gleiche Sprache führen werde!« erklärte Sir Kenneth. »Und ich bin bereit, dafür zu kämpfen!«

Trotz seines Zornes ließ der Sarazene die Waffe los und sagte: »Beim Bart des Propheten, Euer Leben muß Euch nicht sehr teuer sein, daß Ihr es wagt, eine solche Sprache zu führen! Wir sind doch Freunde gegenwärtig. Ich erwarte mir von Euch Hilfe und nicht zornige Worte. Sprechen wir ruhig miteinander. Ihr wißt, daß ein Kranker nur gesunden kann, wenn er sich dem Arzt fügt. Ich bin dieser Arzt und ich will den Finger auf die Wunde legen. Antwortet mir ganz offen: Könntet Ihr die Nichte König Richards lieben? Weicht der Frage nicht aus, ich habe längst alles begriffen.«

»Ich habe sie geliebt«, gab Sir Kenneth nach einigem Zögern zu . »Aber wie soll man ein Wesen lieben, das wie ein Engel ist, der vom Himmel gekommen ist?«

»Und jetzt liebt Ihr sie nicht mehr?«
»Ich bin ihrer nicht mehr würdig! Ach ... sprechen wir doch von etwas anderem, es tut mit weh, darüber zu reden.«
»Erlaubt mir, daß ich trotzdem noch eine Frage stelle. Ihr seid doch nur ein armer Ritter ohne großen Ruhm. Wie könnt Ihr hoffen, daß Eure Liebe eines Tages Erwiderung findet?«
»Es gibt keine hoffnungslose Liebe«, seufzte der Ritter. »Ich hatte das Gefühl, auf hoher See zu treiben und von ferne das Licht eines Leuchtturms zu sehen. Der Gestrandete sieht zwar das Licht, aber er weiß, daß er es nie erreichen wird.«
»Und dieses Licht ist nun erloschen? Für immer?«
»Für immer!« sagte Sir Kenneth traurig.
»Um so besser, denn dieses Mädchen wird Sultan Saladin heiraten.«
»Wenn das je geschehen sollte, dann ...« Sir Kenneth schwieg plötzlich. Er überdachte seine Lage.
Der Emir wandte sich ihm in freundschaftlichem Ton zu: »Sprechen wir von etwas anderem und hört zu, welchen Vorschlag ich Euch zu machen habe. Vertraut Euch meiner Führung an und ich helfe Euch, den herauszufinden, der König Richard die Fahne gestohlen hat.«
»Emir, Ihr seid so vernünftig und großzügig! Sagt mir, was ich tun soll. Ich verspreche, daß ich Euren Rat ohne Widerspruch befolgen werde, allerdings nur, wenn er eines Christen würdig ist.«
»Hört zu! Es ist mir gelungen, Euren herrlichen Jagdhund wieder ganz gesund zu machen. Und das Wichtigste: Er erkennt den, der ihn verwundet hat, ganz sicher wieder.«
»Ich verstehe!« sagte Sir Kenneth lachend. »Daran habe ich nicht gedacht.«
»Gibt es im Lager jemanden, der Euren Hund wiedererkennen könnte?«
»Nein. Als ich mit meinem Tode rechnen mußte, habe ich meinen Knappen mit Briefen nach Schottland zurückgeschickt. Außer ihm kennt niemand meinen Hund wirklich gut. Aber mich, mich kennen alle. Schon durch meine Art zu reden würde ich mich verraten.«
»Ich werde Euch und Euren Hund so verwandeln, daß euch kein Mensch erkennt. Da habe ich schon weit schwierigere Sachen gemacht. Kann einer erst einmal Kranke dem Tod entreißen, ist es für ihn ein Kinderspiel, die Augen der Menschen durch eine Wolke zu verdunkeln. Ich stelle nur eine einzige Bedingung: Ihr werdet der Nichte König Richards, jenem hübschen jungen Mädchen, einen Brief des Sultans überbringen müssen.«
Sir Kenneth kämpfte mit den widerstreitendsten Gefühlen und zögerte einen Augenblick.
Schließlich sagte er: »Gut, ich werde ihr die Botschaft überbringen, wenn ich zumindest sicher sein kann, daß sie nichts enthält, was die Prinzessin beleidigen könnte.«
»Beim Barte des Propheten«, erwiderte der Emir zornig. »Ich schwöre Euch, daß er auf die untadeligste Weise abgefaßt ist!«
»Ausgezeichnet!« knirschte Sir Kenneth zwischen den Zähnen. »Wenn es so ist, werde ich ihr den Brief übergeben. Aber darüber hinaus möchte ich in keiner Weise in diese Sache hineingezogen werden!«

»Sultan Saladin ist nicht herzlos«, sagte der Emir und lächelte weise. »Er würde einem Vollblutpferd nie etwas abverlangen, das über seine Kräfte geht.«
Damit erhob er sich und wartete, bis Sir Kenneth angezogen war.
»Begleitet mich in mein Zelt«, sagte er dann. »Wir werden Euer Aussehen so gründlich verwandeln, daß nicht einmal Eure Mutter Euch erkennen würde. So könnt Ihr ruhig ins Lager der Christen zurückgehen und Euch so sicher fühlen, als hättet Ihr einen Zauberring am Finger, der Euch unsichtbar macht.«

24

DER NUBISCHE SKLAVE UND SEIN HUND

Der nubische Sklave, der sich bei König Richard als Bote des Sultans hatte melden lassen, war also niemand anderer als Sir Kenneth. Am Tag der großen Heerschau stand er ängstlich und regungslos neben König Richard auf der Höhe des Sankt-Georgs-Hügels.
Dem König zur Seite stand sein Schwager, Wilhelm Graf von Salisbury. Als der kräftigste aller Gefolgsleute trug er die englische Fahne. Am Vorabend dieser Feier hatte Sir Kenneth den Eindruck gehabt, daß der König ihn trotz seiner Verkleidung erkannt hatte, zumal es ihm gleich verständlich schien, daß es die Aufgabe des Hundes war, den Übeltäter zu stellen. Da aber König Richard ihn weiterhin als den ihm von Saladin geschenkten Sklaven behandelte, zog er es vor, sich nicht sofort zu erkennen zu geben.
Schon kamen die Kreuzfahrerheere mit ihren Anführern an der Spitze zum Hügel gezogen, und bald war das gesamte Heer der Verbündeten am Fuß des Hügels versammelt.
Die Heerführer näherten sich dem König bis zur halben Höhe des Hügels. Zum Zeichen ihrer Hochachtung und ihrer Freundschaft grüßten sie König Richard und die englische Fahne.
Die hohen geistlichen Würdenträger dagegen erteilten ihren Segen.
Hoch zu Roß beobachtete König Richard vom Hügel herab die vorbeiziehenden Streiter und dankte für die Grüße ihrer Anführer. Der nubische Sklave an seiner Seite hielt den Hund fest an der Leine. Hinter ihnen war für diese Festlichkeit eine Tribüne errichtet worden, von der aus die Königin samt ihrem Gefolge die Heerschau miterleben konnte.
Von Zeit zu Zeit, wenn ein Fürst kam, der dem König verdächtig schien, schaute er zum Sklaven und seinem Hund hinüber, als erwarte er sich ein Zeichen. Als dagegen König Philipp mit seiner Reiterei erschien, ritt Richard ihm einige Schritte entgegen und grüßte ihn mit solcher Zuvorkommenheit, daß das ganze Heer ihm zujubelte. Sein Verhalten veränderte sich vollkommen, als die Ritter und Knappen der Templer vorbeizogen. Er warf unauffällig einen Blick zum Nubier hin, der aber zuckte nicht mit der Wimper, und auch sein Hund sah völlig teilnahmslos auf die Vorbeiziehenden.
»Seht nur, Wilhelm!« sagte Richard plötzlich. »Dort kommt unser wackerer Feind, der Herzog von Österreich! Beobachtet ihn gut! Und du, Nubier, gib auf deinen Hund acht und laß ihn nicht aus den Augen! Beim heiligen Georg, er hat es gewagt, in Begleitung seiner Possenreißer zu kommen!«
Leopold hatte tatsächlich seine Hofnarren mitgebracht; vielleicht nur aus Gewohnheit, wahrscheinlich aber, um seine Verachtung für dieses Schauspiel zum Ausdruck zu bringen.
Richard warf wieder einen Blick auf den Nubier und seinen Hund. Da sie aber steif wie Statuen standen, meinte er nur verächtlich: »Du und dein Hund, ihr schaut ja nicht gerade besonders kühn drein!«
Der Nubier antwortete lediglich mit einer tiefen Verbeugung.
Nun waren die Leute des Markgrafen von Monferrat an der Reihe. Im Grunde

genommen konnte der König den blendend aussehenden Markgrafen gut leiden. So kam er ihm einige Schritte entgegen und rief: »Da seid Ihr ja, mein lieber Markgraf, an der Spitze Eurer tüchtigen Mannen!«

Lachend wollte der Markgraf gerade zu einer Antwort ansetzen, als der Hund aufsprang und ihn wütend anbellte. Der Nubier ließ sofort die Leine los. Sobald der Hund spürte, daß er frei war, griff er das Pferd des Markgrafen an und brachte es zum Scheuen. Der stolze Reiter wälzte sich im Staub und das Pferd raste in die Menge.

»Ich bin sicher, daß sich dein Hund auf die richtige Beute gestürzt hat!« rief König Richard dem Nubier zu. »Aber jetzt ruf' ihn zurück, sonst reißt er den Ritter in Stücke!«

Dem Sklaven gelang es nur mit Mühe, den aufbegehrenden Hund zu meistern. Inzwischen waren schon zahlreiche Gefolgsleute des Markgrafen herangekommen. Als sie ihren Herrn auf der Erde liegen sahen, eilten sie ihm zu Hilfe und schrien: »Tod dem Sklaven und seinem Hund!«

Aber König Richards Stimme übertönte alles Geschrei und Gelärme: »Tod dem, der sich an dem Hund vergreift! Er hat nichts anderes als seine Pflicht getan und ist allein seinem Instinkt gefolgt! Konrad von Monferrat, ich klage Euch des Verrates an!«

Währenddessen waren viele andere christliche Ritter nähergekommen. Der Markgraf hatte sich inzwischen von seinem ersten Schrecken erholt. Beschämt und wütend zugleich, rief er: »Was soll das alles bedeuten? Wessen klagt Ihr mich an? Warum behandelt ihr mich auf solche Weise? Soll das die Achtung sein, die der englische König dem neuen Bündnis entgegenbringt?«

»Die Fürsten des Kreuzfahrerheeres sind also in den Augen des Königs von England nichts als gewöhnliche Hasen und Hirsche, auf die er seine Hunde hetzt!« empörte sich der Großmeister der Templer.

»Es muß sich um ein Versehen handeln«, versuchte der französische König zu vermitteln.

»Das ist eine Kriegslist, die sich der Sarazene ausgedacht hat!« rief der Graf der Champagne. »Richard, laßt den Hund töten und übergebt den Sklaven den Folterknechten!«

»Wenn Euch Euer Leben lieb ist, dann bleibt ihm vom Leibe!« donnerte der König. »Tretet näher, Konrad von Monferrat, und wenn Ihr es wagt, dann leugnet, daß der Hund nur gegen Euch allein wild geworden ist!«

»Ich habe die Fahne nicht angerührt!« verteidigte sich der Markgraf sofort.
»Ihr verratet Euch mit Euren eigenen Worten, Konrad! Wie konntet Ihr denn wissen, daß es um die Fahne geht, wenn es nicht Euer eigenes Gewissen Euch eingeflüstert hätte?«
»Und deswegen bringt Ihr also ein ganzes Heerlager in Aufruhr?« spottete der Markgraf. »Ihr klagt einen Verbündeten einer Missetat an, die der erstbeste Halunke um ein paar Goldstücke erledigen konnte? Und Euer einziger Zeuge ist dieser elende Hund?«
Die Lage spitzte sich immer mehr zu, und Philipp von Frankreich beschloß einzuschreiten.
»Fürsten und Kreuzritter, bedenkt, Tausende Mannen sind Zeugen eurer Auseinandersetzung. Auch sie werden übereinander herfallen, wenn sie sehen, wie ihre Anführer streiten. Ziehen wir uns mit unseren Leuten zurück. Anschließend wollen wir im Rat zusammenkommen, um den Fall dort zu klären.«
Alle stimmten dem Vorschlag zu. Die Fürsten zogen mit ihren Heeren ab und der Rat versammelte sich zum festgesetzten Zeitpunkt.
Der Markgraf hatte sich inzwischen von seiner Schmach und seiner Verlegenheit erholt. Voll Selbstvertrauen betrat er die Ratsversammlung in Begleitung des Herzogs von Österreich, des Großmeisters der Templer und einiger anderer Männer, die bereit waren, ihn zu verteidigen, nur weil sie König Richard haßten.

König Richard ließ sich jedoch dadurch nicht erschüttern. Verächtlich betrachtete er den Markgrafen samt seinem Gefolge, ehe er ihn anklagte, daß er die englische Fahne geraubt und den Hund, der sie bewachte, verletzt habe.
Aber der Markgraf wies die Anklage scharf zurück.
»Richard von England«, schaltete sich Philipp ein. »Ihr müßt zugeben, daß es seltsam ist, daß Ihr den Markgrafen von Monferrat anklagt und für Eure Anklage keinen anderen Beweis anführen könnt, als die Wut eines Hundes! Wiegt das Wort eines Ritters nicht doch mehr?«
»Mein lieber Bruder und König«, erwiderte Richard. »Gott hat uns dieses mutige

Tier zum Gefährten gegeben. Er hat ihm einen edlen Charakter verliehen, so sind ihm Täuschung und Verstellung fremd. Ein Hund vergißt weder seine Freunde noch seine Feinde, und er erinnert sich genau an jeden, der ihm etwas Gutes oder etwas Böses getan hat. Verbrecher und Diebe werden aufgrund der Zeugenschaft von Hunden abgeurteilt. Auf diese Weise erkennen die Richter den göttlichen Willen. Wird in meinem Land ein Übeltäter von einem Hund erkannt, so wird er dazu verurteilt, sich mit einem Stock gegen seinen Ankläger so lange zu verteidigen, bis einer von beiden tot ist. Ich möchte es hier nicht so weit kommen lassen! Es wäre wahrhaftig schändlich, das Leben eines solchen Tieres für die Haut eines Verräters dieser Sorte aufs Spiel zu setzen!«

Er warf dem Markgrafen seinen Handschuh vor die Füße.

»Konrad von Monferrat! Hier ist mein Handschuh! Ich fordere Euch zum Zweikampf, denn ich möchte gerne an die Stelle dieses edlen Tieres treten! Für einen Markgrafen aber wird es eine Ehre sein, sich mit einem König im Zweikampf zu messen!« Der Markgraf hob den Handschuh jedoch nicht auf. »Für einen Markgrafen steht ein König viel zu hoch«, entgegnete er heuchlerisch. »Und vor allem ist doch König Richard der Anführer unseres gemeinsamen Unternehmens!«

»Wenn es so steht, dann bin ich bereit, den König im Zweikampf zu vertreten«, warf Lord Salisbury dazwischen. »Nehmt Euren Handschuh wieder, edler Bruder, und ich biete Euch den meinen dafür!«

»Edle Kreuzritter«, sagte Markgraf Konrad, »ich nehme diese Herausforderung König Richards nicht an. Wir haben ihn zu unserem obersten Heerführer gewählt. Wenn er es mit seinem Gewissen vereinbaren kann, sein Leben für derartige Nichtigkeiten aufs Spiel zu setzen, so gilt das nicht für mich! Seinem Schwager aber, und auch jedem anderen Ritter, den der König auswählen mag, werde ich beweisen, daß ich es keineswegs ausschlage, meine Ehre zu verteidigen und daß es meine Absicht ist, einen meineidigen Lügner zu bestrafen!«

»Diese Frage ist also geklärt«, schloß König Philipp. »Zumindest, wenn Richard seine Anklage, die sich auf einen derartig unsicheren Anhaltspunkt stützt, aufrechterhalten will!«

»Selbstverständlich«, erwiderte König Richard entschieden. »Wenn der Markgraf gegen mich nicht kämpfen will, werde ich gewiß jemand anderen ausfindig machen. Aber Ihr, Wilhelm, dürft Euer Leben nicht aufs Spiel setzen.«

»In diesem Fall verfüge ich, daß der Zweikampf in fünf Tagen stattfindet«, entschied König Philipp. »Gemäß den Regeln der Ritterschaft wird König Richard einen Stellvertreter namhaft machen, Markgraf Konrad muß sich dem Kampf in eigener Person stellen. Der Zweikampf wird auf neutralem Boden stattfinden, so daß sein Ausgang in keiner Weise beeinflußt werden kann.«

»Wir könnten uns an Sultan Saladin wenden«, schlug Richard vor. »Er ist zwar Heide, aber er ist ein edler Ritter!«

»Ich bedaure aufrichtig, einen Feind in unsere Streitigkeiten einweihen zu müssen«, sagte König Philipp, »aber ich werde ihm den Vorschlag unterbreiten lassen! Damit ist die Sitzung geschlossen.«

Währenddessen sagte der Großmeister der Templer ganz leise zu Markgraf Konrad: »Ihr wollt diese Herausforderung wirklich annehmen?«

»Selbstverständlich!« entgegnete Konrad. »Offengestanden, vor des Königs eisernen Fäusten habe ich Angst, und ich schäme mich auch gar nicht, das einzugestehen. Ansonsten aber gibt es, seinen riesenhaften Schwager miteingeschlossen, keinen einzigen Ritter im englischen Heer, dessen Herausforderung ich nicht annehmen würde.«

»Ausgezeichnet! In diesem Fall war der Angriff des Hundes ein wunderbares Mittel, um das Bündnis der Fürsten endgültig zu sprengen; ein besseres, als eine simple Verschwörung und auf jeden Fall dem Dolch eines entlaufenen Sklaven bei weitem überlegen!«

25

KÖNIG RICHARDS GERECHTIGKEIT UND STRENGE

Sobald König Richard in sein Zelt zurückgekehrt war, ließ er den nubischen Sklaven zu sich rufen. Dieser kniete vor dem König nieder und erwartete so dessen Befehle. Nach kurzem Schweigen sagte König Richard: »Du bist ein guter Jäger, du hast deinen Hund auf die richtige Fährte gebracht. Aber das genügt nicht, wir müssen unser Wild auch zur Strecke bringen. Ich wollte den Fall selbst zum erfolgreichen Abschluß bringen, es ist mir aber untersagt worden. Du wirst dich in meinem Auftrag ins Lager des Sultans begeben und ihm ein Handschreiben überbringen, mit der Bitte, uns den Ort des Zweikampfes zu bezeichnen und sich auch selbst dort einzufinden. Was meinst du, könnte es nicht sein, daß sich im Lager des Sultans ein Kreuzritter aufhält, der bereit wäre, gegen den Markgrafen Konrad von Monferrat zu kämpfen?«

Der Nubier warf dem König einen dankbaren Blick zu und nickte zustimmend mit dem Kopf.

»Schön«, sagte der König, »mein stummer Freund will mir also Freude machen!« So abweisend wie gewöhnlich, fuhr er fort: »Da ist noch etwas anderes! Kennst du Lady Edith?«

Der Sklave sah zum König auf, wie um etwas zu sagen, schloß aber den Mund wieder und brachte nur unverständliche Laute heraus.

»Das ist aber doch erstaunlich«, rief da der König. »Ich brauche bloß den Namen eines hübschen jungen Mädchens zu nennen, und schon findet ein Stummer seine Sprache wieder! Also gut! Du wirst Lady Edith, der du eine Botschaft des Sultans zu überbringen hast, zu sehen bekommen.«

Der König legte dem Sklaven seine Hand schwer auf die Schulter und sprach dabei mit ernster Stimme:

»Und noch etwas! Selbst wenn Lady Edith das Wort an dich richten sollte, wage ja nicht, ihr auch nur mit einer Silbe zu antworten! Das ist ein Befehl und ich erwarte, daß du ihn befolgst!«

Der Sklave blickte dem König stolz ins Gesicht und legte dabei eine Hand auf die Brust.

Richard rief nach Sir Neville, seinem Kämmerer: »Führt diesen Sklaven zum Zelt der Königin und sagt ihr, daß er mit Lady Edith persönlich sprechen muß. Er hat ihr eine Botschaft zu überbringen.«

Die beiden verließen des Königs Zelt. Und während Sir Kenneth hinter dem Kämmerer herging, dachte er bei sich: »Ich bin ganz sicher, daß der König mich erkannt hat. Und ich glaube, daß er mir trotz allem nichts mehr nachträgt. Wenn ich ihn richtig verstanden habe, will er mich durch den Zweikampf mit dem Markgrafen in meine verlorene Ehre und meine Rechte wiedereinsetzen!« Als sie beim Zelt der Königin angekommen waren, überbrachte Sir Neville ihr die Botschaft des Königs.

Alsbald war Berengardis' helles Lachen zu hören. Sie fragte: »Wie sieht er denn aus, dieser nubische Sklave? Zeigt ihn mir doch, schnell!«

»Majestät«, schaltete sich Lady Calista ein, »ich bitte Euch, haltet ein! Wir haben doch eben erst ein schweres Unglück gerade noch verhindern können, nach einer Laune dieser Art!«

»Ihr sollt recht haben, Calista«, lachte die Königin. »Sir Neville, führt diesen Sklaven zu meiner Nichte!«

Sir Neville kehrte zum wartenden Sklaven zurück und machte ihm ein Zeichen, daß er ihm folgen solle. Wenig später führte eine Hofdame den Boten zu Lady Edith.

Diese maß den Nubier von oben bis unten und sagte dann traurig: »Ihr seid es also wirklich, mein lieber Leopardenritter? Sir Kenneth, Ihr seid in diesem lächerlichen Sklavenaufzug ins Lager zurückgekehrt?«

Auf diese Worte wollte der Ritter sofort entgegnen, aber er erinnerte sich an König Richards Befehl.

»Ich habe mich also nicht getäuscht«, fuhr Edith fort. »Ich hatte Euch schon entdeckt, als ich beim Vorbeimarsch an der Seite der Königin auf der Tribüne stand. Sprecht ohne Furcht! Edith Plantagenet wird einem Ritter, der in guten Zeiten all seine Heldentaten zu ihren Ehren und in ihrem Namen vollbrachte, in Unglück und Not den Trost nicht versagen.«

In seiner Verzweiflung, nichts dazu sagen zu dürfen, stieß Sir Kenneth einen tiefen Seufzer aus. Edith drang weiter in ihn: »Warum bleibt Ihr stumm? Ihr sagt mir nichts, auch wenn Ihr noch so verzweifelt seid?« rief sie aus. »Sollten Euch diese grausamen Sarazenen am Ende gar die Zunge ausgerissen haben?« fuhr sie fort und wurde blaß. »Nein? Es ist also böser Wille, daß Ihr schweigt? Reiner Widerstand? Ich werde kein Sterbenswörtchen mehr sagen. Auch ich kann tun, als wäre ich stumm!«

Sir Kenneth fühlte sich mit jedem Augenblick unglücklicher. Er übergab die in goldbestickte Seide gehüllte Botschaft des Sultans.

Edith nahm das kleine Päckchen gleichgültig entgegen und legte es neben sich. Sie betrachtete den Ritter und wartete. Schließlich sagte sie bitter: »Ihr habt mir also nichts zu sagen?«
Sir Kenneth schlug sich mit der Hand auf die Stirn, um ihr begreiflich zu machen, daß er nicht sprechen könne. Verärgert wandte Edith ihm den Rücken

zu und schrie mit wutentstellter Stimme: »Genug! Ich habe schon zu viel gesagt! Geht, geht doch endlich! Für den Kummer, den ich Euch bereitet haben mag, glaube ich, genug gebüßt zu haben! Der elendste Feigling hätte ein Wort des Dankes gefunden! Was wollt Ihr noch hier?«

Der unglückliche Sir Kenneth heftete seinen Blick auf die Botschaft, die er überbracht hatte, wie um damit sein Verweilen zu rechtfertigen. Edith nahm das Päckchen zur Hand und sagte verächtlich: »Mein Gott, darauf hatte ich vergessen! Der unterwürfige Sklave wartet selbstverständlich auf die Antwort, die er seinem Herrn überbringen muß! Was wünscht Saladin denn?« Schnell überflog sie den in zwei Sprachen abgefaßten Brief und brach dann in höhnisches Lachen aus:

»Das übersteigt ja jede Vorstellung! Nicht einmal ein Zauberkünstler brächte eine solche Verwandlung zuwege! Diese Heiden ... Sie würden selbst Goldstücke in billige Kupfermünzen verwandeln! Wer kann sich auch vorstellen, daß ein tapferer Ritter sich so sehr erniedrigt, daß er eines Sultans Sklave wird und sich bereit findet, ihm den Boten für seine unverschämten Anträge an eine junge Christin abzugeben? Ich frage mich, warum ich mit einem so erbärmli-

chen Sklaven überhaupt noch rede. Berichtet Eurem Herrn nur, was ich hier und jetzt vor Euren Augen tue, denn ich bin sicher, daß er Euch die Sprache wiedergeben wird!«

Und damit warf sie den Brief auf den Boden und trat ihn wütend mit Füßen. »Und sagt ihm auch, daß Edith Plantagenet der Geschenke eines Heiden nicht bedarf!« fügte sie noch hinzu.

Nach diesem Ausbruch wandte sie sich zum Gehen. In seiner Qual und Pein wagte es Sir Kenneth, seine Hand auszustrecken, um den Saum ihres Kleides zu ergreifen und sie zurückzuhalten.

»Ihr scheint nicht verstanden zu haben, was ich eben gesagt habe, Sklave!« rief Edith und drehte sich noch einmal um. »Sagt Eurem Herrn nur, daß ich mit seinen Anträgen nichts zu tun haben will! Und dieselbe Verachtung hege ich für Euch, der Ihr Eurem Namen als Ritter, Eurem Gott und Eurer Liebe abgeschworen habt!« Damit verließ sie hastig das Zelt.

Sir Kenneth verließ es nach ihr und kehrte, bis in sein Innerstes getroffen, mit Sir Neville zum Zelt des Königs zurück. Dort hatten sich einige Ritter versammelt, die laut und ausgelassen lärmten.

26

DIE ANTWORT AN SULTAN SALADIN

Mit lauter und fröhlicher Stimme hieß Richard Löwenherz alle Ritter willkommen, die eben erst angekommen waren. Er wandte sich einem von ihnen zu und rief: »Thomas de Vaux, mein lieber Freund! Über Eure Rückkehr freue ich mich, wie ein Zecher über einen guten Becher Wein!«

»Dank, Majestät, für diesen Empfang!« erwiderte der Baron. »Mit mir ist jedoch einer gekommen, den zu empfangen Euch wesentlich mehr Freude bereiten wird!«

Der junge Mann, der sich dem König näherte, war ziemlich klein und zart, er war einfach gekleidet, aber aus seinem Blick sprach Adel und Verstand. Er wollte vor dem König niederknien, der aber drückte ihn zärtlich an seine Brust.

»Mein lieber Blondel!« rief er voll Freude aus. »Willkommen, König der Minnesänger! Was bringst du mir für Neuigkeiten aus deiner heimatlichen Normandie? Solltest du nicht allzu erschöpft von deiner Reise sein, würde es mich glücklich machen, jetzt gleich deine neuen Lieder hören zu können!«

»Mit Verlaub, Majestät«, schaltete sich Baron de Vaux ein, »nach meiner Meinung sollte zuvor ich Majestät meinen Bericht geben dürfen. Ich habe Euch zu melden, daß Ihr auf die Unterstützung der Truppen aus Askalon zählen könnt. Habe ich erst alles berichtet, wünsche ich mir nichts anderes als ein gutes Lager!«

»Baron de Vaux, Ihr seid ein rechter Dickschädel! Also gut! Ich werde zuerst Euch anhören. Salisbury, würdet Ihr inzwischen die Königin und meine Nichte holen? Sagt ihnen, daß Blondel angekommen ist.«

Dann wandte er sich dem nubischen Sklaven zu: »Da bist du ja wieder, mein stummer Bote. Komm näher. Gleich wirst du so schöne Musik zu hören bekommen, daß du dem Himmel danken wirst, nur stumm und nicht auch taub zu sein.«

Dann hörte der König aufmerksam zu, während Baron de Vaux berichtete.

Er hatte kaum geendet, da rief König Richard aus:

»Bringt Zypernwein und kredenzt ihn Sir Thomas. Kein König kann sich rühmen, je einen treueren und gewissenhafteren Diener gehabt zu haben!«
Inzwischen war die Königin mit Lady Edith und zahlreichen Hofdamen beim Zelt angekommen, und der König winkte Blondel, daß er beginnen möge. Der Minnesänger trug eines jener alten und von allen geschätzten Liebeslieder vor und begleitete sich dazu auf seiner Laute. Es gab wohl niemanden, dem die außergewöhnliche Stimme nicht ans Herz gerührt hätte! Als er geendet hatte, erhob sich beifälliges Gemurmel. Nur Lady Edith zeigte keinerlei Rührung, ihr abwesender Blick ging traurig ins Leere.
»Fühlt Ihr denn keine Freude im Herzen bei solchen Liedern, liebe Nichte?« fragte der König. »Ihr seht so traurig aus? Ich muß Euch aber eine Frage stellen. Was soll ich dem Sultan Saladin antworten? Meine Verbündeten verlassen mich und ich würde gerne zugunsten des Heiligen Grabes handeln. Kann ich keinen Sieg davontragen, strebe ich ein vorteilhaftes Bündnis an. Nun, dieses Bündnis hängt von Euch ab!«
»Sagt dem Sultan Saladin, daß Edith Plantagenet den Tod im Elend einer Heirat mit einem Heiden vorzieht. Zwingt mich nicht, Gift zu trinken, nur weil die Schale, aus der ich trinken soll, aus purem Gold ist!«
»Edith, es liegt mir völlig fern, Euch zwingen zu wollen! Überlegt indessen gut, ehe sich die Tür wieder schließt, die den Himmel für uns öffnet! Der Einsiedler von Engaddi hat in den Sternen gelesen, daß Eure Heirat mir Frieden mit einem mächtigen Feind einbrächte und daß Euer Gatte Christ sein werde. Wir hoffen also alle auf eine Bekehrung Saladins! Und für eine so edle Sache solltet Ihr kein Opfer bringen können?«
»Ziegen und Lämmer können geopfert werden, aber weder Ehre noch Gewissen!«
»Liebe Edith, Eure Worte erschüttern mich zutiefst. Ich werde an den Sultan schreiben. Überlegt ein letztes Mal, ehe Ihr ihn abweist.«
»Majestät, ich habe nicht vor, dem Sultan je zu begegnen!«
»Beim heiligen Georg, Ihr werdet ihn aber trotzdem sehen! Saladin hat sich einverstanden damit erklärt, daß der Zweikampf bei ihm stattfindet. Es steht außer Zweifel, daß er anwesend sein wird. Abgesehen davon, will Berengardis ihn unter allen Umständen kennenlernen. Und ich getraue mich zu wetten, daß unter all den Hofdamen nicht eine ist, die darauf keinen Wert legte! Aber lassen wir das, gehen wir als gute Freunde auseinander.«
Richard geleitete seine Nichte bis zu ihrem Zelt, verabschiedete sich herzlich und kehrte dann zu dem seinen zurück. Dort begann er den Brief zu schreiben, den der nubische Sklave Sultan Saladin überbringen sollte.

27

RICHARD UND SALADIN

Am nächsten Morgen ersuchte Philipp von Frankreich König Richard, ihm ein Gespräch zu gewähren. Er gestand mit höflichen Worten, daß er an den Erfolg ihres gemeinsamen Unternehmens nicht mehr glaube. Die Rivalitäten zwischen den christlichen Fürsten hätten ihn dazu veranlaßt, nach Europa zurückzukehren.

Vergeblich versuchte Richard, ihn umzustimmen. Nach dieser Unterredung überraschte es ihn kaum mehr, als der Herzog von Österreich ihm eine Botschaft schickte. Sie war von mehreren Fürsten unterzeichnet, die alle zum selben Entschluß wie Philipp von Frankreich gekommen waren. Somit schwand jede Hoffnung, den Kreuzzug fortzusetzen.

Die Enttäuschung König Richards war so tief, daß Baron de Vaux ganz glücklich war, als er ihm die Ankunft eines Boten Sultan Saladins melden konnte.

In dem Brief, den der Abgesandte überbrachte, kündigte der Sultan an, daß er bereit sei, einen Platz für den Zweikampf zur Verfügung zu stellen und daß er allen, die daran teilnehmen wollten, freies Geleit zusichere.

Als Ort hatte er die kleine, »Diamant der Wüste« genannte Oase ausgewählt, weil sie genau auf halbem Weg zwischen dem christlichen Lager und dem seinen lag.

Der Sultan schlug vor, daß der Markgraf von Monferrat am festgesetzten Tag zusammen mit dem Herzog von Österreich und dem Großmeister der Templer dort erscheinen möge. Sie sollten in Begleitung von etwa hundert bewaffneten Männern kommen. Dasselbe gelte auch für König Richard und dessen Schwager, den Grafen von Salisbury. Der Sultan selbst werde mit einer Eskorte von fünfhundert Mann erscheinen. Die übrigen Gäste dürften nur mit ihrem Schwert bewaffnet sein. Sultan Saladin verpflichtete sich, für die Unterkunft aller zum Zweikampf geladenen Gäste zu sorgen. Außerdem schrieb er in sehr höflichen Worten, daß er sich darauf freue, König Richard nun auf friedliche Art kennenzulernen. Er habe nur einen Wunsch: seinen königlichen Bruder auf das beste zu empfangen.

Am festgesetzten Tag brachen Markgraf Konrad und seine Freunde im Morgengrauen auf, um zum Kampfplatz zu gelangen. König Richard trat die Reise mitsamt seinem Gefolge zur selben Zeit, aber auf einem anderen Weg an. Richard war nur leicht bewaffnet und ritt gut gelaunt neben der Sänfte der Königin her. Als sie an den Rand der Wüste gelangten, konnte Berengardis ihre Angst nicht mehr verbergen. Und wenn die Sarazenen die Gelegenheit ausnützten, um sie allesamt niederzumetzeln? Der König verjagte diesen Verdacht mit einer verächtlichen Handbewegung.

Aber gänzlich konnte er den Zweifel nicht ausräumen. Und die Lage wurde nur noch schlimmer, als gegen Abend auf der Höhe eines Sandhügels ein Sarazene mit riesigem Turban und einer Lanze in der Hand auftauchte. Als er den König und sein Gefolge entdeckte, machte er kehrt und war im Nu verschwunden.

»Wir können nicht mehr weit vom Lager der Sarazenen entfernt sein«, meinte da der König. »Dieser Mann war sicher ein Wachtposten im Dienste des Sultans. Ich glaube, schon maurische Trompeten zu hören. Schließt auf, ihr Ritter, zum Schutz der Königin und ihres Gefolges!«

Auf diesen Ruf hin scharten sich alle Ritter um die Sänften. Sie gelangten auf die Höhe des Sandhügels, von wo aus sich ihnen ein wahrhaft prächtiges Schauspiel bot.

Der »Diamant der Wüste«, jene kleine Quelle, die sonst nur dank der wenigen Palmen um sie herum zu entdecken war, hatte sich zum Mittelpunkt eines Lagers gewandelt. Wundervoll bestickte Fahnen knatterten im Wind, ringsum standen Zelte in allen Farben: scharlachrote, gelbe, blaue und grüne.

Nun ertönten schrille Pfiffe. Araber und Kurden sprangen auf ihre Pferde, sie preschten im Schwarm heran und hatten im Nu den Zug König Richards umzingelt. Der durch die Hufe der Pferde aufgewirbelte Sand hüllte sie bald gänzlich ein. Die wilden Gestalten der Sarazenen, die ihre Lanzen nach allen Richtungen schwangen und dabei durchdringende Schreie ausstießen, waren hinter dem dichten Staubvorhang kaum zu erkennen. Als eine Lanze sogar die Sänfte der Königin berührte, schrie diese erschreckt auf.

König Richard wurde rot vor Zorn und brüllte: »Beim heiligen Georg! Es ist höchste Zeit, daß diese Heiden zur Vernunft gebracht werden!«

Aber Lady Edith beugte sich aus ihrer Sänfte und meinte vermittelnd: »Laßt Euch nicht vom Zorn übermannen! Seht doch! Die Lanzen haben keine Spitzen!«

»Ihr habt recht, liebe Nichte!« lachte der König. »Ihr habt einen besseren Blick als ein Krieger!« Dann wandte er sich an seine Leute: »Habt keine Furcht, die Waffen der Sarazenen sind ungefährlich! Das muß wohl ihre etwas rauhe Art und Weise sein, uns willkommen zu heißen!«

Der kleine Zug der Engländer setzte seinen Weg fort, immer umgeben von den Arabern. Um ihre Geschicklichkeit unter Beweis zu stellen, schwangen sie ihre Lanzen dicht vor den Helmen der Christen, ohne sie jedoch zu berühren.

Kaum hatte König Richard mit seinem Gefolge die Mitte des Lagers überschritten, als die Sarazenen sich auf einen schrillen Pfiff hin unter Geschrei sammelten. Sie formierten sich zu einem langen Zug und folgten den Engländern friedlich.

Die Sandwolke hatte sich eben verzogen, als die Kreuzritter einen Trupp von Reitern herannahen sahen. Sie bildeten die Leibgarde des mächtigsten Fürsten des Orients. Sie ritten unter Musikbegleitung bis vor die Engländer hin, dann teilten sie sich in zwei Reihen. Daraus schloß König Richard, daß nun der Sultan nahen würde und er begab sich an die Spitze seines Zuges. Und schon kam Sultan Saladin.

Seine Kleidung war vornehm, aber schlicht. Und doch waren die Edelsteine, die seinen Turban schmückten, die Ringe, die er trug, und der Saphir, der seinen Dolch zierte, weit mehr wert als alle Kronjuwelen Englands zusammen. Er ritt ein herrliches arabisches Vollblut von makellosem Weiß.

Es wäre eine überflüssige Geste gewesen, hätten die beiden Fürsten sich gegenseitig vorgestellt. Sie stiegen von ihren Pferden und begrüßten und umarmten einander wie Freunde.

»König Richard möge Saladin so willkommen sein, wie es das Wasser in der

Wüste ist! Ich hoffe, daß es kein Mißtrauen erregt, wenn ich in so zahlreicher Begleitung bin. Alle diese Ritter, die Euch bewundernd betrachten, sind Adelige aus den zahllosen Stämmen meines Landes, die den tapferen König Richard von England sehen wollen. Ist ihre Zahl auch groß, werden sie unsere Eintracht dennoch nicht stören, denn sie tragen nur ihre Säbel.«

»Edler Saladin«, antwortete Richard, »ich hege keinerlei Hintergedanken. Schaut her!«

Und er zeigte auf die Sänften. »Auch ich komme in Begleitung. Seht nur, welch hübsche Gesichter und welch blitzende Augen …«

Zum Zeichen seiner Hochachtung verbeugte sich der Sultan bis zum Boden und küßte den Sand.

»Tretet näher, mein Bruder«, sagte Richard. »Die Königin und ihr Gefolge möchten Euch gerne begrüßen.«

»Ich bleibe lieber fern«, gab der Sultan zurück. »Wie Wasser das Feuer zum Erlöschen bringt, hat Euer letzter Brief mir jede Hoffnung genommen. Warum sollte ich das Feuer, das in meinem Inneren glost, wieder zum Aufflammen bringen? Und damit möge Richard in das Zelt eintreten, das sein Bruder ihm zu Ehren hat errichten lassen. Meine Leute werden sich um Euer Gefolge kümmern.«

Saladin ging Richard voran und sie betraten ein Zelt von unerhörtem Luxus. Baron de Vaux, der seinem Herrn gefolgt war, nahm ihm den weiten Mantel ab, und Saladin gewahrte das riesige Schwert Richards.

»Hätte ich nicht mit eigenen Augen im Kampf gesehen, wie dieses Schwert gleich dem des Todesengels Blitze schleudert, ich könnte nicht glauben, daß eines Menschen Arm es überhaupt aufheben kann!« sagte er. »Dürfte ich es wagen, König Richard zu bitten, daß er seine Kraft unter Beweis stellt und damit einen Streich führt?«

»Mit Freuden, edler Saladin!« antwortete Richard lächelnd.

Er sah sich suchend nach einem Gegenstand um, den er treffen konnte, als er eine metallene Keule entdeckte.

Er legte sie auf einen Bock … Das Schwert drehte sich im Schwung und krachte mit riesenhafter Kraft auf die Keule nieder.

Sie zerfiel in zwei Teile wie ein Ast, den eine Hacke gespalten hat!

»Beim Barte des Propheten, welch ein Streich!« rief Saladin. Er betrachtete die Hand des Königs von England und mußte lachen, als er seine eigene kleine Hand neben diese Pranke hielt.

»Ich sehe mich außerstande, einen solchen Streich zu führen«, meinte er, »aber jeder auf seine Weise.« Er ergriff ein mit Federn gefülltes Seidenkissen und hielt es in die Luft. »Gelänge es Eurem Schwert, dieses Kissen in zwei Teile zu schneiden?«

»Nein, natürlich nicht«, antwortete Richard, »nicht einmal das Zauberschwert König Arthurs wäre dazu imstande, weil ein solches Kissen keinerlei Widerstand bietet!«

»Sehr richtig! Aber jetzt paßt auf!« sagte Saladin. Er zog seinen Säbel, und sein Hieb war so blitzschnell, daß das Kissen sich wie von selbst zu öffnen schien und in zwei Teile zerfiel.

Danach nahm er einen Schleier und warf ihn in die Höhe. Während der leichte

Stoff langsam niederschwebte, schnitt er ihn mit einem Hieb entzwei.

»Bei meinem Schwert«, staunte Richard. »Das macht Euch keiner nach mit dem Schwert! Ihr versteht Euch auf das Verwunden eines Gegners ebenso gut, wie El Hakim sich auf das Heilen von Kranken versteht! Ich wäre übrigens sehr glücklich, wenn ich diesen weisen Mann wiedersehen könnte.«

Saladin setzte einen anderen Turban auf, ehe er in gemessenem Ton sagte: »Der Kranke erkennt seinen Arzt am Schritt, aber sobald er geheilt ist, erkennt er ihn nicht mehr, selbst dann nicht, wenn er ihm gegenübersteht!«

Richard sah ihn mit großen Augen an. »Wie konnte ich nur El Hakim nicht erkennen, mein königlicher Freund! Ihr seid es also gewesen, der Sir Kenneth vor dem Tode gerettet hat, und Ihr habt ihn ins christliche Lager zurückgeschickt?«

»Genau so war es! Aber ich hatte nicht erwartet, daß Ihr Sir Kenneth erkennen würdet!«

»Das war reiner Zufall!« lachte Richard. »Ich habe bemerkt, daß seine schwarze Haut nicht wirklich schwarz war.

Das Weitere war einfach, denn eine Gestalt wie die seine vergißt man nicht so schnell. Kurz und gut, ich denke, daß er der Ritter sein wird, der morgen früh gegen Konrad von Monferrat zum Kampf antritt!«

»Ja, so ist es. Er bereitet sich schon darauf vor.

Ich habe Sir Kenneth das beste Pferd und die besten Waffen, die es gibt, zur Verfügung gestellt, denn ich schätze ihn sehr.«

»Weiß er, wer hinter all dem steht?«

»Ja, ganz sicher. Ansonsten hätte ich

ihm meinen Plan nicht auseinandersetzen können.«
»Und er hat Euch nichts anvertraut?«
»Ich habe aus seinen Worten entnommen, daß die, die er liebt, so hochgeboren ist, daß sich ihm jede Hoffnung auf sie verbietet.«
»Wißt Ihr auch, daß diese unsinnige Liebe alle Eure Pläne durchkreuzt?«
»Ich kann es mir wohl denken«, antwortete der Sultan. »Aber seine Liebe bestand schon lange bevor ich Euch meine Bestrebungen anvertraute. Und sollte jenes hochgeborene Mädchen diesen Leopardenritter wirklich lieben, wer dürfte dann zu behaupten wagen, daß ein so edelmütiger Ritter wie er dieser Zuneigung nicht würdig wäre! Wenn Ihr erlaubt, lieber Bruder, werde ich mich nun ein wenig meinen Gästen widmen.«
Saladin verabschiedete sich sehr höflich von Richard und kam seinen Pflichten als Gastgeber gegenüber dem Markgrafen von Monferrat nach. Danach wurden alle Geladenen in den ihnen zugewiesenen Zelten reichlich mit Nahrung und Getränken versorgt.
König Richard beendete

gerade sein Mahl, als Baron de Vaux kam und ihn bat, dem Ritter, der am nächsten Morgen in des Königs Namen kämpfen sollte, doch ein Zusammentreffen zu gewähren. »Nun, de Vaux? Habt Ihr ihn also gesehen?« lachte Richard. »Und habt Ihr ihn auch erkannt?«
»Der Kopf dreht sich mir schon von all den überraschenden Ereignissen in diesem Land hier! Wäre nicht Sir Kenneths Jagdhund auf mich zugelaufen, ich hätte ihn nie im Leben erkannt. Aber dieses wundervolle Tier habe ich sofort erkannt, samt seinem morgenländischen Halsband.«
»De Vaux, Ihr kennt eben die Tiere besser als die Menschen! Aber sagt, hat der schottische Ritter einen Beichtiger?«
»Ja, Majestät, Theoderich, den Einsiedler von Engaddi. Auch er ist hierhergekommen.«
»Gut! Dann geht und sagt dem Ritter, daß ich ihn empfangen werde, sobald er im Zweikampf jenen Fehler gesühnt hat, dessen er sich auf dem Sankt-Georgs-Hügel schuldig gemacht hat.«

28

SIR KENNETH GIBT SICH ZU ERKENNEN

Wegen der Hitze wurde beschlossen, daß der Zweikampf gleich nach Sonnenaufgang stattfinden solle. Die Tribüne Sultan Saladins befand sich im Westen des Lagers, genau dem Platz gegenüber, auf dem die beiden Widersacher gegeneinander kämpfen sollten. Zwei weitere Tribünen waren für König Richard und den Herzog von Österreich errichtet worden.
An einem Ende des abgegrenzten Feldes standen König Richards Gefolgsleute, gegenüber befand sich das Gefolge des Markgrafen von Monferrat. Die übrigen muselmanischen und christlichen Mannen waren um den restlichen Kampf=platz verteilt. Sobald die ersten Sonnenstrahlen die Wüste erhellten, rief der Sultan seine Männer zum Gebet. Es war ein ergreifendes Bild. Alle Sarazenen wandten sich in Richtung auf Mekka und warfen sich nieder, um zu beten. Nun schien alles bereit zu sein, um den Kampf zu beginnen. Konrad von Monferrat war sehr erregt. Das unvermutete Erscheinen des schottischen Ritters hatte ihn vollkommen verwirrt.
Endlich verkündeten die Trompeten den Beginn des Zweikampfes und die beiden Ritter erschienen auf dem umgrenzten Kampfplatz. Zunächst ritten sie mit offenem Visier drei Runden um das Feld, um sich allen Zuschauern zu zeigen. Beide trugen eine stolze Haltung zur Schau.
Sir Kenneths Gesicht strahlte Ruhe und Zuversicht aus, die Miene des Markgrafen dagegen war finster.
Neben der Tribüne König Richards war ein Altar errichtet worden. Die beiden Widersacher saßen ab, nahmen die Helme vom Kopf, knieten hin und schworen auf die Bibel, daß sie für eine gerechte Sache zum Kampf antraten. Dann baten sie Gott, daß er ihnen den Sieg verleihen möge.
Sir Kenneth leistete seinen Schwur mit fester Stimme, ehe er sich zur Tribüne König Richards hin tief verneigte.
Konrads Haltung war nicht weniger stolz, aber als er Gott um seinen Segen für eine Sache bat, von der er wußte, daß sie nicht gerecht war, zitterte seine Stimme.
Als er wieder aufs Pferd stieg, näherte sich ihm der Großmeister der Templer und flüsterte ihm ins Ohr: »Wacht auf, Narr von einem Feigling, und kämpft mit Mut! Und vergeßt eines nicht! Solltet Ihr den Kampf verlieren und dabei nicht getötet werden, habt Ihr von mir keinerlei Hilfe zu erwarten!«
Diese grausamen Worte brachten den Markgrafen vollends aus dem Gleichgewicht. Unsicher stand er seinem Gegner gegenüber.
Die Trompeten erschallten und die Herolde verkündeten laut rufend die Namen der beiden Kämpfer. Die Knappen der beiden Ritter traten zu ihnen und übergaben ihnen Schild und Lanze. Die beiden Gegner brachten ihre Waf=fe zunächst in Stellung, dann legten sie sie ein. Die Knappen zogen sich zurück, die Widersacher standen allein einander gegenüber, mit geschlossenem Visier und zum Angriff bereit. Sie verharrten eine ganze Weile in dieser Haltung. Auf ein Zeichen des Sultans hin erschallten an die hundert Trompeten. Die beiden

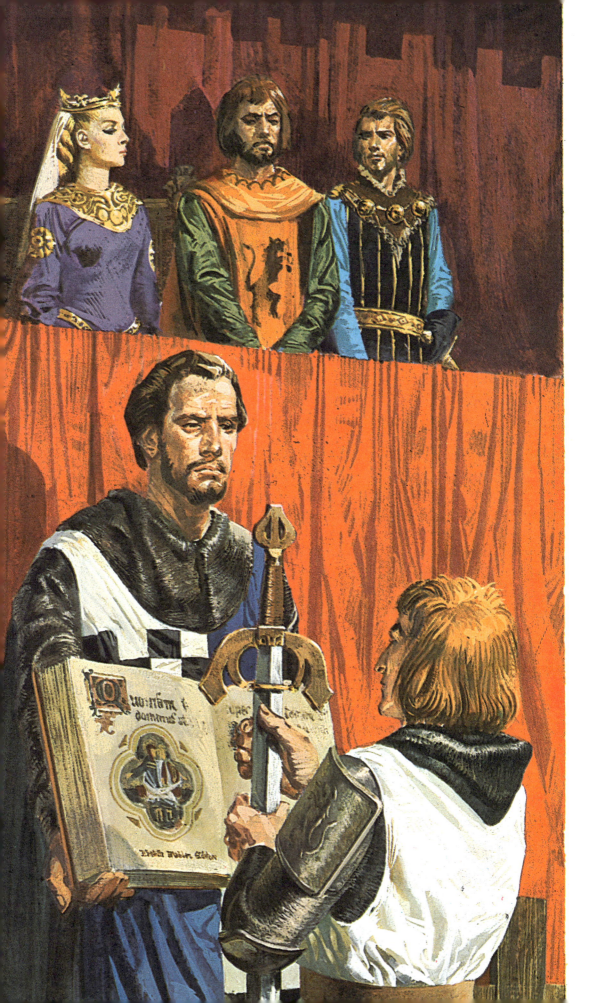

Ritter gaben ihren Pferden die Sporen und trafen genau in der Mitte des Feldes mit äußerster Gewalt aufeinander.

Konrad bewies seine Geschicklichkeit und traf Sir Kenneth mitten auf seinen Schild, so daß der schottische Ritter im Sattel schwankte. Sir Kenneths Lanzenstoß aber war für den Markgrafen zu gewaltig gewesen; mitten in die Brust getroffen, stürzte er zu Boden!

Seine Gefolgsleute eilten zu ihm, und auch der Sultan begab sich zu dem Schwerverletzten. Sir Kenneth bat ihn, seine Missetat einzugestehen.

Ein Knappe lief herzu und öffnete dem Markgrafen das Visier. Dieser hob die Augen zum Himmel und sagte: »Was braucht Ihr mehr? Gott hat gesprochen. Ich bin schuldig, aber es gibt in diesem Lager weit größere Verräter als mich. Erweist Euch mir gegenüber als großmütig und gewährt mir einen Beichtiger.«

»Diesmal werden wir Euren Talisman brauchen!« meinte König Richard zum Sultan.

»Dieser Verräter hätte verdient, daß man ihn sterben läßt!« antwortete der Sultan. »Aber ich will Eurem Wunsche nachkommen. Man bringe ihn in mein Zelt!«

»Nein!« platzte da der Großmeister der Templer heraus, der sich bis dahin im Hintergrund gehalten hatte. »Weder ich, noch der Herzog von Österreich werden zugeben, daß dieser unglückliche Ritter in die Hände der Sarazenen fällt, daß er ihren Hexenkünsten ausgeliefert wird!«

»Wollt Ihr damit sagen, daß Ihr die einzige Möglichkeit, ihn zu heilen, zurückweist?« schrie König Richard, rot vor Zorn.

»Das habe ich nicht gesagt!« verbesserte sich der Großmeister schnell, denn er merkte, daß er zu weit gegangen war. »Vorausgesetzt, daß der Sultan erlaubte Mittel anwendet, kann er ihn natürlich wieder gesund machen!«

»Würdet Ihr die Güte haben und dies in die Tat umsetzen, lieber Freund?« fragte König Richard den Sultan. »Wer weiß, vielleicht wird man Euch gar nicht dankbar sein dafür. Nun aber wollen wir uns um den Sieger kümmern! Herolde! Gebt das Zeichen! Und ihr, meine tapferen Engländer, grüßt alle diesen Ritter, der sich soeben für England geschlagen hat!«

Trommeln und Trompeten erschallten gemeinsam. In die donnernden Rufe der Engländer mischten sich die durchdringenden Schreie der Araber. Als endlich wieder Ruhe eingetreten war, sagte Richard Löwenherz: »Tapferer Leopardenritter, ich habe Euch etwas Wichtiges zu sagen. Aber zuvor möchte ich Euch noch der Königin und ihrem Gefolge vorstellen. Kommt auch Ihr mit, gerechter Saladin! Die Königin möchte Euch für Eure Gastfreundschaft danken.«

Saladin verbeugte sich zum Dank, aber er nahm die Einladung nicht an, er mußte sich dem Verletzten widmen.

Mitsamt seinem Gefolge zog der König zum Zelt der Königin, die mit ihren Hofdamen dem Zweikampf beigewohnt hatte.

Sir Kenneth trat ins Zelt und beugte vor Königin Berengardis das Knie. In Wahrheit aber galt diese Huldigung Lady Edith Plantagenet, die neben der Königin saß.

»Edle Frauen!« begann der König, »nehmt dem Leopardenritter die Rüstung ab. Die Schönheit möge damit der Ritterlichkeit die Ehre erweisen. Berengardis, befreit Ihr ihn von seinen Sporen. Wenn Ihr auch Königin seid, schuldet

Ihr doch dem Sieger diese Ehrung. Und Ihr, liebe Edith, nehmt ihm seinen Helm ab.«

Beide gehorchten dem König; aber während die Königin mit Feuereifer an die Arbeit ging, war Edith sehr erregt.

»Was dachtet Ihr denn, wen Ihr unter diesem Helm entdecken würdet?« fragte König Richard, als Sir Kenneths Gesicht zum Vorschein kam. »Sieht er nun nach Eurer Meinung aus wie ein nubischer Sklave oder wie ein Söldling? Nein, bei dem Schwert an meiner Seite! Der Sieger zu Euren Füßen hat nunmehr das Recht, sich als der zu erkennen zu geben, der er ist. Sir Kenneth ist niemand Geringerer als der schottische Kronprinz David, Graf von Huntington!«

Edith schrie vor Staunen auf und ließ dabei den Helm fallen.

»Wie ihr wißt«, fuhr der König fort, »hatte Schottland versprochen, uns einen Trupp seiner besten Lanzenreiter zu schicken, diese Zusage dann aber nicht eingehalten. Unser edler Ritter, der zum Anführer der schottischen Kreuzfahrer bestimmt gewesen wäre, hat diese Schande nicht ertragen. Er ist mit einem Häuflein Getreuer nach Sizilien gezogen. Allein, bis auf seinen Knappen, sind ihm die Männer, einer nach dem anderen, alle dahingestorben. Sein Geheimnis hat er so gut gehütet, daß ich um ein Haar den tapfersten aller europäischen Ritter hätte töten lassen. Edler Huntington, warum habt Ihr mir Euren Namen und Eure Herkunft nicht entdeckt? Beinahe hätte ich Euch in den Tod geschickt, als ich Euch vorschnell verurteilte. Vielleicht habt Ihr gedacht, daß König Richard seine Macht mißbraucht?«

»Ich hätte niemals die Stirn gehabt, Euch eines derartigen Mißbrauchs anzuklagen. Allein, ich war zu stolz, um meine Haut mit der Begründung retten zu wollen, daß ich der Kronprinz von Schottland sei. Und vor allem hatte ich die Absicht, unerkannt zu bleiben, bis zu meiner letzten Stunde.«

»Und deshalb ist also der Einsiedler, der um Euer Geheimnis wußte, zu mir gekommen und hat mich bestürmt, das Todesurteil aufzuheben!« rief König Richard aus.

»Nun würden wir noch gerne wissen, durch welchen glücklichen Zufall Ihr hinter sein Geheimnis gekommen seid, Richard. Erzählt es uns doch!«

»Unter den Briefen, die in letzter Zeit aus England kamen«, antwortete der König, »hat sich auch einer befunden, in dem mir mitgeteilt wurde, daß der schottische König drei unserer Edelleute als Geiseln bei sich festhält. Zu seiner Rechtfertigung brachte er vor, daß ich seinen Sohn gefangenhalte. Das war ein erster Hinweis für mich. Und meine Vermutungen wurden mir von Baron de Vaux nach seiner Rückkehr aus Askalon bestätigt. Sir Kenneths letzter Diener hatte ihm das Geheimnis seines Herrn verraten.«

Und an seine Nichte gewandt, fuhr der König fort: »Nun aber reicht mir Eure Hand, Edith! Und Ihr, Prinz von Schottland, reicht mir die Eure!«

»Einen Augenblick, Majestät«, lächelte Edith und versuchte ihre Befangenheit zu verbergen. »Erinnert Ihr Euch nicht mehr daran, daß Ihr es wart, der sagte, daß meine Hand dazu bestimmt sei, Sultan Saladin zum Glauben zu bekehren?«

»Der Wind der Prophezeihung hat sich eben gedreht!« lachte König Richard.

»Treibt keinen Scherz damit!« rief da eine Stimme dazwischen. Der Einsiedler hatte eben das Zelt betreten. »Die Sterne lügen niemals«, fuhr er fort, »aber die

Augen der Menschen sind nicht immer imstande, in ihnen zu lesen! Hört lieber, wie sich alles zugetragen hat. Während Emir Sheerkohf – ich hatte in ihm Sultan Saladin erkannt – und Sir Kenneth in meiner Höhle schliefen, habe ich in den Sternen gelesen und daraus erfahren, daß ein Fürst unter meinem Dache ausruht, den das Schicksal für Edith Plantagenet bestimmt hat. Ich war überzeugt, daß es sich dabei um einen Feind König Richards handeln müsse. Konnte ich denn wissen, daß nicht der Sultan damit gemeint war? In meinen Augen war Sir Kenneth nichts anderes als ein unbekannter Bote, den die christlichen Fürsten zu mir gesandt hatten! Die Sterne verrieten mir weiter, daß Lady Ediths Gatte ein Christ sein würde, und ich habe daraus geschlossen, daß der Sultan sich ganz im Geheimen bekehrt habe. Natürlich war ich nichts als ein eingebildeter Prophet! Im Bewußtsein der Dummheit, die ich begangen habe, will ich in meine Höhle zurückkehren und Gott anflehen, daß er sich meiner erbarme.«

Mit diesen Worten verließ der ehrwürdige Theoderich das Zelt. Es wird berichtet, daß der Einsiedler von diesem Tag an keinen Anfall von Wahnsinn mehr bekommen hat. Auch soll er seine Lebensweise als Einsiedler seither menschlicher gestaltet haben.

So war die Zeit vergangen und es ging auf Mittag zu. Im Zelt des Sultans waren die Vorbereitungen für ein prunkvolles Festessen im Gange.

Allein und in Gedanken versunken, erwartete der Sultan seine Gäste. Plötzlich stand der Zwerg Nectabamus vor ihm. Sein Gesicht war von Grauen gezeichnet. Als der Sultan ihn fragte, was ihm denn zugestoßen sei, antwortete er lediglich: »Accipe hoc!«

»Verrückter Kerl, verschwinde!« sagte der Sultan. »Jetzt ist nicht die richtige Zeit für Scherze!«

»Ich bin nicht verrückt!« sagte der Zwerg. »Hör mich an, Sultan!«

»Unter der Bedingung, daß du mir sofort alles sagst, was du zu sagen hast!« antwortete

der Sultan und führte den Zwerg in einen anderen Raum. Was Nectabamus ihm dort erzählte, befremdete ihn allerdings zutiefst.
Ihre Unterredung wurde rasch unterbrochen, da Trompetensignale die Ankunft der christlichen Fürsten verkündeten. Sultan Saladin ging seinen Gästen entgegen. Er begrüßte alle Geladenen mit großer Höflichkeit, besonders aber den jungen Grafen von Huntington.
»Glaubt nicht, daß die Freude des Sultans bei der Begrüßung des schottischen Prinzen geringer ist, als die Freude Emir Ilderims oder El Hakims, als sie Sir Kenneth begrüßten!« sagte der Sultan lächelnd. »Helden, wie Ihr einer seid, ehre ich um ihrer selbst willen und nicht wegen ihres Ranges! Damals reichte ich Euch einen kalten Trunk in einem Tongefäß, und unsere Freude daran war nicht geringer als heute, wo wir ihn aus einer goldenen Schale trinken!« Während er so sprach, kam der Herzog von Österreich an. Er nahm die Schale, die eben den Gästen gereicht worden war. »Das ist wirklich ein hervorragender Trank!« rief er aus, nachdem er einige Schluck gekostet hatte. Mit einem Seufzer reichte er die Schale dem Großmeister der Templer hin. Im gleichen Augenblick machte Sultan Saladin dem Zwerg ein Zeichen, der trat vor und sprach wieder jene fremden Worte: »Accipe hoc!«
Der Großmeister der Templer zuckte zusammen, faßte sich aber sofort wieder.
Um seine Verwirrung zu verbergen, wollte er schnell die Schale zum Mund führen. Bevor jedoch seine Lippen den Rand der Schale berühren konnten, fuhr der Säbel des Sultans aus der Scheide. Er sauste durch die Luft und der Kopf des Großmeisters rollte auf den Boden.
Von allen Seiten ertönten Schreckensschreie.
»Habt keine Angst, meine edlen Gäste!« überschrie der Sultan den allgemeinen Tumult. »Was mich zu dieser Tat veranlaßt hat, sind weder seine zahlreichen Verrätereien, noch ist es das Attentat gegen König Richard. Ich habe auch nicht so gehandelt, weil er mich und den schottischen Ritter in der Wüste verfolgt hat und wir es nur der

Schnelligkeit unserer Pferde verdankten, daß wir mit heiler Haut davongekommen sind. Es ist ein anderer Grund, warum dieser Mensch hier tot vor euren Füßen liegt. Es ist noch keine halbe Stunde her, da hat er seinem Waffenbruder und Mitverschworenen einen Dolch in den Leib gestoßen! Er fürchtete, daß Konrad von Monferrat die schändlichen Pläne verraten könnte, die sie beide ausgeheckt hatten!«

»Wie!« brachte Richard nur mit Mühe hervor. »Konrad sollte von seinem besten Freund getötet worden sein? Edler Sultan, ich will Euch gerne glauben, aber was Ihr da vorbringt, bedarf des Beweises!«

»Hier ist der Zeuge des Verbrechens«, sagte der Sultan und zeigte auf den Zwerg, der am ganzen Leib zitterte.

Der Sultan erzählte nun, was der Zwerg ihm gestanden hatte. Die Neugier hatte Nectabamus getrieben, jenes Zelt zu betreten, in dem die Diener Konrad allein zurückgelassen hatten. Der Verwundete war unter der Wirkung der Arzneien eingeschlafen. Da hatte der Zwerg, der sich im Zelt befand, plötzlich Schritte gehört. Er hatte sich hinter einem Vorhang versteckt und den Großmeister dabei beobachtet, wie er in verdächtiger Weise ins Zelt geschlüpft kam. Konrad war aus dem Schlaf aufgefahren und hatte seinen Freund und Mitverschworenen gefragt, warum er ihn denn störe.

»Ich bin gekommen, um dein Schuldbekenntnis zu hören und um dir die Erlösung zu bringen!« hatte der Großmeister geantwortet. Zu Tode erschrocken hatte der Zwerg mit ansehen müssen, wie der Großmeister seinen Dolch dem Markgrafen mitten ins Herz stieß und gehört, wie er dabei die Worte ‚Accipe hoc' – was soviel wie ‚Nimm das' heißt – schrie. Ich habe sofort einen Sklaven zum Zelt des Markgrafen geschickt und die Geschichte überprüfen lassen«, fügte der Sultan hinzu. »Aus dem Mund des Zwerges habe ich dieselben Worte gehört, die der Mörder bei seiner Tat ausrief. Und ihr habt außerdem alle gesehen, wie der Großmeister zusammengefahren ist, als er diese lateinischen Worte hörte.«

»Das heißt also, daß wir der Vollstreckung eines regelrechten Todesurteiles beigewohnt haben. Aber warum habt Ihr das Urteil hier vollstreckt und noch dazu mit eigener Hand?«

»Ich konnte nicht anders handeln. Wäre ihm die Zeit geblieben, seine Lippen in meine Schale zu tauchen, hätte ich damit jede Möglichkeit verloren zu handeln, ohne das Gastrecht zu verletzen. Aber genug der Worte über diesen Verräter! Schafft seinen Leichnam so schnell als möglich fort und beseitigt damit auch jegliche Erinnerung an ihn!«

Diener beeilten sich, den Körper wegzubringen.

Stille lastete schwer über dem Raum, während die Geladenen an der Festtafel Platz nahmen. Plötzlich sagte König Richard: »Edler Saladin, und wenn nun wir beide vor den Augen all der Edlen, die hier versammelt sind, den Streit um Palästina endgültig entscheiden würden? Der Kampfplatz ist bereit. Die Sarazenen können auf keinen besseren Anführer hoffen, und was mich angeht, so bin ich entschlossen, bis zum letzten Atemzug für Jerusalem zu kämpfen!«

Es folgte Totenstille. Alles wartete gespannt auf die Antwort des Sultans.

»Ich habe nicht das Recht, dieses Angebot anzunehmen«, antwortete er schließlich lächelnd. »Der Herr vertraut dem Hirten seine Schafe nicht zu dessen

Vergnügen an, sondern zum Wohl der Herde. Hätte ich einen Sohn als Nachfolger, könnte ich Eure Herausforderung annehmen. Aber zum jetzigen Zeitpunkt ist es nicht möglich. In Eurer Heiligen Schrift steht doch geschrieben, daß die Herde sich zerstreut, wenn der Hirte sie im Stiche läßt!«
»Wie schade!« seufzte König Richard. »Welch schönen Kampf hätten wir beide uns geliefert!«
Mit dem edlen Vorschlag Richards hob sich die Stimmung der Geladenen, und das Festmahl verlief nun unter allgemeiner Fröhlichkeit.
Am Ende der Mahlzeit drückte Sultan Saladin König Richard die Hand und sagte: »Edler König von England! Hier trennen sich unsere Wege. Wir werden uns nicht wiedersehen. Ich weiß, daß das Bündnis der Kreuzfahrer zerbrochen ist. Und Ihr allein könnt den Krieg nicht fortsetzen. Ich kann auf Jerusalem, nach dem Euer ganzes Streben geht, nicht verzichten. Auch für uns Sarazenen ist es eine heilige Stadt. Ich habe aber die Absicht, Euch ein Geschenk ganz anderer Art zu machen!« Am folgenden Tag zog König Richard wieder ins christliche Lager zurück.
Einige Zeit darauf heiratete Edith Plantagenet den Grafen von Huntington. Als Hochzeitsgeschenk übersandte ihnen der Sultan seinen berühmten Talisman. Mit seiner Hilfe kam es in Europa zu zahlreichen Heilungen, aber die bekannteste blieb die Heilung König Richards durch Sultan Saladin.